Minha vida, meus cães

Minha vida, meus cães

Mark Doty

Tradução de Luiz Roberto Mendes Gonçalves

LAROUSSE

Título do original em inglês *Dog Years: a Memoir*

Edição original publicada por Harper Collins Publishers

Edição brasileira
Direção editorial Soraia Luana Reis
Editor assistente Isney Savoy
Assistência editorial Leila Toriyama
Revisão Sílvia Carvalho de Almeida, Capitu Escobar de Assis e Hebe Ester
Capa, projeto gráfico e diagramação SGuerra Design
Foto da capa cortesia do autor
Gerente de produção Fernando Borsetti
Coordenação e edição Estúdio Sabiá

Dados Internacionais de Catalogação na Publicação (CIP)
(Câmara Brasileira do Livro, SP, Brasil)

Doty, Mark
Minha vida, meus cães / Mark Doty ; tradução de Luiz Roberto Mendes Gonçalves. — São Paulo : Larousse do Brasil, 2007.

Título original: Dog years : a memoir.
ISBN 978-85-7635-228-0

1. Animais de estimação 2. Doty, Mark 3. Golden retriever (Cães) 4. Poetas norte-americanos - Século 20 - Biografia I. Título.

07-4986 CDD-811.54

Índice para catálogo sistemático:
1. Poetas norte-americanos : Século 20 : Memórias autobiográficas 811.54

1.ª edição brasileira: 2007
Direitos de edição em língua portuguesa, para o Brasil, adquiridos por Larousse do Brasil Participações Ltda.
Rua Afonso Brás, 473, 16º andar – São Paulo – SP – CEP 04511-011
Tel. (11) 3044-1515 – Fax (11) 3044-3437
E-mail: info@larousse.com.br
www.larousse.com.br

"[...] Como Deus poderia ter criado o mundo se Ele já estava em toda parte? Uma resposta cabalística é supor que o fez abandonando uma região de Si mesmo."
Darian Leader, Stealing the Mona Lisa

"Se sua coragem lhe falta
Vá além de sua coragem"
Emily Dickinson

"Não estou só. Não tenho medo. Ainda sou seu."
Robinson Jeffers, The Housedog's Grave

Agradecimentos

O autor agradece profundamente a Terry Karten, pelos bons conselhos, pela leitura atenta, pela amizade e pela prontidão em ajudar, e a Danny Mulligan e Julia Felsenthal, assim como à Corporation of Yaddo e à Universidade de Houston. A Carol Muske Dukes e Amy Hempel, leitoras ímpares. E a Paul Lisicky, que, à sua maneira, é o outro autor destas páginas.

SUMÁRIO

Capítulo 1

Nenhum cachorro jamais falou, mas isso não quer dizer que eles vivam fora do mundo da palavra. Eles escutam atentamente. Querem ouvir uma palavra – "biscoito", "passear" – e uma inflexão que conheçam. Que torrente de signos incompreensíveis passa por eles enquanto esperam, pacientes, por uma ou algumas palavras conhecidas! Como não falam, a não ser da maneira mais limitada, sempre estamos tentando decifrá-los. A expressão é reveladora: "decifrar", inventar metáforas para nos ajudar a entender o mundo. Quem decide viver com um cachorro aceita participar de um longo processo de interpretação – um acordo mútuo, apesar de o ser humano estar com a maioria das cartas.

O que o intérprete precisa fazer é contar histórias, às vezes para o cachorro em questão. Quem já não ouviu alguém conversando com um cachorro enquanto passeia com ele, como se fosse uma espécie de espelho lingüístico? "Você está com medo do carro"; "Lola adora essa bola!" Algumas pessoas falam por seus cães na primeira pessoa, como se o cachorro fizesse ventriloquia com o dono. Existe inevitavelmente algo embaraçoso nisso: uma espécie de intimidade boba que pode parecer graciosa em casa torna-se uma fonte de aflição para estranhos.

Mas a maioria das histórias sobre cães é narrada para outras pessoas, quando articulamos as façanhas da vida de nosso animal, tentando trazer sua experiência incompreensível para o mundo mais ordenado da fala. Tirar fotos do bicho querido serve praticamente à mesma função: não se trata só de memória e do desejo de registrar, mas de trazer algo rudimentar para o mundo da representação. Essa é uma parte do trabalho do dono do animal. Para viver no mundo doméstico, o cachorro deve ter um nome, ser decifrado e compreendido de alguma forma.

É claro que escutar as histórias dos animais de outra pessoa é arriscado, como ouvir o relato de sonhos. Estes podem ser encantadores para quem os sonhou, mas para o pobre ouvinte costumam ser um tédio mortal. O sonhador não tem distância do encantamento do sonho, não pode dizer por que ele foi tão importante, e a linguagem em geral deixa de captar o caráter profundamente íntimo dos sonhos. Escutamos em consideração pela vontade do narrador, mas sem muito interesse pela história em si.

O próprio amor é um pouco assim: você pode descrever o ser amado até cansar, mas sem chegar realmente àquela qualidade especial que o cativou. Finalmente desistimos, e destilamos esses sentimentos em imagens isoladas: o calor castanho do olhar dele, ou o modo como ela vira a cabeça quando está pensando e por um instante deixa de ter consciência dos outros. Isso, dizemos a nós mesmos, representa o que amamos. Mas está perfeitamente claro que essas imagens nada explicam. Servem como símbolos de coisas incomunicáveis. Estar apaixonado é nossa versão mais comum do indizível; todo mundo parece entender que não se pode experimentar a paixão a partir de fora – é preciso senti-la por dentro para saber o que é.

Talvez a experiência de amar um animal seja de fato mais resistente à linguagem, já que os animais não podem nos responder, não podem caracterizar a si próprios nem corrigir nossas suposições sobre eles. Olham para nós através de um vazio feito da distância entre sua vida e nossa imersão na linguagem. "Nem uma só de sua miríade de sensações jamais se submeteu à deformação das palavras", escreveu Virginia Woolf sobre Flush, o *cocker spaniel* de Elizabeth Barrett Browning.

Talvez assim eles nos lembrem de nossas próprias origens, quando nosso corpo ainda não havia sido dominado pelo mundo da fala. Então podíamos experimentar sem palavras, o que deve ser ao mesmo tempo uma coisa dolorosa e uma estranha alegria, um tipo de envolvimento puro que os adultos nunca mais sentem. Será que se pode falar em "doloroso" ou em "uma alegria" quando o bebê que sente essas coisas não tem termos para elas, somente a vida de emoções e sensações não interpretadas? Sofremos uma perda ao deixar o mundo físico pelo mundo das palavras, apesar de ganharmos nossa pessoalidade nesse processo.

O amor por uma criatura que não fala, quando se instala, é um encantamento, e, como se sabe, o encantado fala em murmúrios particulares, frases crípticas ou sem sentido. É por isso que eu não deveria estar escrevendo coisa nenhuma ligada aos dois cachorros que foram tão presentes durante dezesseis anos da minha vida. Como poderia me manter à distância necessária para dizer algo que tenha importância?

No mês passado cinco mil pessoas morreram aqui em Nova York; as ruínas das torres em que - com que - elas caíram ainda estão fumegantes. [Escrevi estas palavras em outubro de 2001; os mortos ainda não tinham sido contados adequadamente; era impossível encontrar os corpos, e a lista de desaparecidos era confusa.] *Quando o vento sopra de lá, Chelsea se enche com o cheiro de plástico queimado, como se em algum lugar entre os destroços milhares e milhares de computadores estivessem queimando lentamente, toxicamente, junto com lâmpadas fluorescentes, carpetes industriais e os pedaços atomizados da arte corporativa que forrava as paredes das salas de recepção. Meus amigos de outras cidades falam sobre a nova guerra, as origens dessa atrocidade e suas relações com outras atrocidades ao redor do mundo; eles se preocupam com a noção de "mal", seja ela uma realidade ou um conceito sem utilidade na esfera pública. Entendo que essas coisas são importantes, mas para mim são apenas palavras ao vento.*

Não consigo parar de ver as botas embranquecidas dos socorristas que se arrastavam de volta para o norte da cidade ou que se sentavam ao meu lado nos bancos do metrô. O couro gasto e os cadarços, as bainhas e tornozelos cobertos de um pó grosso composto de concreto pulverizado: o material de duzentos andares de cadeiras de escritório, arquivos, copinhos de café... misturados com a matéria de corpos humanos reduzidos a uma cinza cremosa. Os caminhões de entulho sobem pela Oitava Avenida descobertos. A sujeira branca é soprada pelo vento agitado e essa neve cobre nosso rosto e nosso cabelo. Em algum lugar naquela poeira estão os átomos de Graham, um homem que conheci um pouco e vi pela última vez no final do verão, quando ele ria na rua, seus braços tatuados brilhando ao sol.

Com o mundo nessa situação, não é arrogância ou uma concentração cega em si mesmo escrever sobre os próprios cães?

Sim e não. Assim como as generalizações dos meus amigos sobre a situação política pouco significam para mim agora, porque são abstratas, também é difícil apreender cinco mil mortes; a mera multiplicidade de vidas humanas perdidas torna essas perdas incompreensíveis. O coletivo pode ser quase impossível de apreender, mas a perda individual é vital, irredutível; ela tem o caráter factual de um único corpo, e da ausência desse corpo. É por isso que Nova York está cheia de cartazes, ainda mais que antes, imagens dos mortos deixadas ou coladas em paredes do metrô, postes de luz e caixas de correio, muito depois de ser possível encontrar alguém vivo nos escombros. Precisamos ver os rostos, olhar para eles um a um e absorver qualquer detalhe que nos ofereçam, a informação característica que começa a formar uma imagem de uma vida: uma cicatriz, uma placa de titânio emendando um osso quebrado, uma marca de nascença no quadril. O que estava escondido um mês atrás hoje é a marca exposta da individualidade. Precisamos que eles olhem para nós e se tornem reais.

E toda morte é assim, não é? Usamos o singular para tratar do inumerável. O local fornece um meio para imaginar o todo. Um aluno meu perdeu o irmão um ano atrás, para um motorista bêbado. Depois que as torres caíram, ele se viu quase obsessivamente imaginando como deve ter sido para as pessoas que estavam lá: a consciência destas terminou em uma chuva de detritos, ou eles continuaram conscientes depois que a viga de aço caiu? Quando, no vôo em queda livre das janelas quentes do edifício, esse homem parou de sentir? Essa visualização incessante era uma espécie de autotortura, mas ele não conseguia parar. Então ele percebeu que o trabalho que estava fazendo, na verdade, era a investigação imaginativa da morte de seu irmão. Havia tempo para sentir dor, para alguma compreensão do que estava acontecendo, ou a consciência terminava com a súbita obliteração do carro se aproximando e esmagando a porta do motorista? Parecia necessário ensaiar essas possibilidades, passar pela sensação de morrer, e, por mais terríveis que fossem as mortes em chamas no sul de Manhattan, elas eram também o meio pelo qual Gill aprenderia a imaginar o fim da vida do irmão.

Eu comecei a fazer a mesma coisa, imaginando as últimas horas de Graham. Ele espera na fila, no Aeroporto Logan[1]*, ainda meio sonolento, não tão animado quanto estaria se o vôo fosse para Los Angeles; ele*

[1] Aeroporto internacional de Boston. (N. T.)

pensa em Tim em Provincetown, a quem não vê há alguns dias, talvez ele tenha ligado e dito: "Oi, você ainda estava dormindo quando saí..." Ele toma café no aeroporto, lê o jornal casualmente, semi-atento, então anda na fila para passar o cartão de embarque na máquina de leitura, segue pela passarela coberta, depois se ajeita no assento e escuta as instruções das comissárias, que sem querer já decorou. Naturalmente, a pergunta é: quando ele fica sabendo? Só depois da decolagem, mas não pode ser muito depois, se o avião vai desviar o curso para o sul e o leste, para Nova York. Qual é a primeira ruptura, quando ele entende que as coisas estão realmente erradas? Quando o avião troca de piloto há uma guinada ou um sacolejão, ou simplesmente nada? E enquanto a velocidade aumenta, enquanto o avião baixa, quando ele fica sabendo - se é que fica - para onde estão rumando?

E apenas alguns minutos antes estou caminhando pela Rua 16 Oeste em direção ao trem F, indo para a biblioteca, e na esquina umas dez pessoas olham para o sul, paradas, com a cabeça inclinada para cima. Para quê estão olhando? Daqui, o buraco na Torre Norte é uma forma clara, inesquecível, como o contorno de um continente desconhecido num livro escolar de geografia. Uma versão da Austrália. Exceto que não há nada no território definido pelas bordas, o interior é vazio, mas cercado de chamas, visível até da Rua 16.

Essas mortes não são comensuráveis: um homem de vinte e um anos que teve negadas a realização e a aventura de uma vida não se compara a cinco mil seres subitamente apagados. Meu conhecido - o namorado do meu carpinteiro - correndo para sua morte arbitrária, imprevisível, infeliz, apanhado nas maquinações do capitalismo global, dos efeitos do imperialismo colonial, da ascensão do fundamentalismo, das batalhas pelo petróleo, do elixir do poder - dinheiro -, é um desaparecimento único. Nenhuma morte se equipara a outra, na verdade, pois cada vida é individualizada por circunstâncias e cultura, corpo e desejo, o dentro e o fora que nos fazem ser quem somos. Sei que pode parecer absurdo colocar a morte do meu cachorro nesta página com todas essas pessoas desaparecidas, pais e filhos, namorados e amigos.

Mas o corpo de Beau também era um fato, não era? Aquele rosa das gengivas enrugadas, que ficavam pretas nas faces, e a longa curva de sua língua manchada, um rosa úmido salpicado de pontos azulados como respingos de suco de amora, e o céu da boca com suas ondulações intricadas - essas eram realidades físicas, íntimas, que foram eliminadas. Não posso mais ter o prazer de ver e reconhecer sua presença, sua existência. Havia alguém aqui, uma inteligência e uma sensibilidade, um complexo de desejos e memórias, hábitos e expectativas. Alguém com uma qualidade de ser exatamente isto: aqui estou, eu mesmo, todo língua e olhos e patas douradas, avançando para o que estiver à frente. Dourado: para mim esta será para sempre sua palavra, e algo naquele brilho louro desapareceu para sempre do mundo. E algo dele permanece absolutamente claro para mim, a qualidade, o aspecto que mais se inscreveu em mim.

Só se pode entender o mundo através do que está perto.

O resto é uma idéia da realidade, uma imagem ou um número, uma teoria ou descrição. Não há por onde começar, a não ser aqui.

Algum tempo atrás, tomei uma bebida com um novo conhecido, que estava dando um tempo do trabalho e tinha vindo para o litoral para escrever um roteiro de filme. Bebendo uma cerveja, do modo como as pessoas sugerem um tema de conversa para se conhecerem melhor, ele perguntou o que eu gostaria de fazer se meus compromissos fossem todos cancelados, se de repente eu tivesse a liberdade de escolher qualquer coisa. Eu disse que compraria uma propriedade com celeiro, no campo, e abriria um abrigo para *retrievers* abandonados.

Ele me olhou um pouco incrédulo. Pareceu escolher cuidadosamente as palavras. "Não sei", disse. "Mas, quando as pessoas falam sobre o que querem fazer pelos animais, sempre penso por que essa compaixão não é oferecida a outras pessoas."

Minha raiva se acendeu, numa chama quente e intensa. "Você me perguntou o que eu gostaria de fazer, e não o que eu achava que deveria fazer", respondi.

Ele balançou a cabeça. "Tem razão." Mas o dano estava feito, o julgamento lançado. Se eu estivesse mais racional e menos ofendido, poderia ter dito que compaixão não é uma qualidade limitada, algo que só podemos ter até certo ponto e que portanto deve ser cuidadosamente conservado. Eu poderia ter dito, se fosse realmente franco, que nunca conheci ninguém dessa opinião que demonstrasse grande empatia por outras pessoas; parece que a compaixão pelos animais é um excelente indício da capacidade de uma pessoa se importar com outros seres humanos.

Mas a verdade pura é que ninguém deveria ter de justificar o que ama. Se eu decidir me tornar um desses idosos caducos que vivem sozinho com seis *beagles*, quem será prejudicado pelo extremismo de meu afeto? Há tão pouca dedicação no mundo que deveríamos nos alegrar quando ela aparece sob qualquer forma, e nunca zombar dela ou subestimar sua profundidade.

O amor, acredito, é um acesso ao mundo, e não uma fuga dele.

Quando meu companheiro Wally morreu, em 1994, minha maneira de enfrentar esse fato inassimilável foi escrever um livro - livros, na verdade, já que escrevi uma memória e muitos poemas inspirados por essa perda reverberante, perturbadora. A reação a esses livros foi extraordinária e animadora, mas sempre há leitores insatisfeitos também, e naturalmente é a voz negativa que se aloja no fundo do meu crânio, como uma canção ruim que toca no rádio e não conseguimos mais esquecer. As palavras especialmente amargas de um crítico britânico ressurgem quando aparece a oportunidade. O resenhista me chamou de "vampiro banqueteando-se com o corpo de seu namorado". Como se alguém simplesmente não tivesse o direito de falar sobre esse sofrimento; afinal, não é preciso animar-se e seguir em frente? Todos temos nossas tristezas, meu caro, agora cale a boca.

A revelação pública da dor é de mau gosto, um vergonhoso envolvimento pessoal, ou pelo menos é isso que parece na superfície. A verdade, provavelmente, é que queremos que a dor permaneça invisível porque não podemos fazer nada contra ela e porque invariavelmente ela nos lembra as perdas que todos sofremos um dia, a inescapável aproximação da tristeza.

Para alguém que lamenta a perda de animais, o problema é ainda maior.

Não se pode falar com a maioria das pessoas sobre a morte do cachorro delas, não exatamente; existe uma expectativa de que não se deve reagir excessivamente, não se deve dar muita importância a essa perda. No esquema geral, essa não deveria ser uma perda menor? *É só um cachorro; arranje outro.*

Uma das verdades não mencionadas da vida americana é como as pessoas sofrem profundamente pelos animais que vivem e morrem com elas, como esse vazio é real, como é profundo o silêncio que essas criaturas deixam para trás. Nossa cultura espera não apenas que suportemos sozinhos essas perdas, mas também que nos envergonhemos de senti-las profundamente.

A morte de um animal de estimação é, afinal, a primeira morte que a maioria de nós conhece. Pouco tempo atrás visitei um antigo hotel na ilha Block, um grande edifício vitoriano branco, encarapitado em verdes encostas acima do oceano. Caminhando na direção da enseada, encontrei o túmulo de um *golden retriever*, feito pelas crianças da família proprietária do lugar. Era cercado de pedras e flores, e tinha uma placa de madeira pintada com o nome do cachorro. Eu o reconheci porque, na casa, tinha visto uma fotografia de sua cara velha e branca. No quintal dos fundos havia uma cadeira Adirondack pousada na grama e, no assento, um retrato do amigo desaparecido, uma pintura dele deitado num tapete, talvez numa das varandas do hotel, expostas ao vento. A cadeira e o quadro pareciam marcar uma ausência; o túmulo era cuidado, homenageado; ambos eram marcas de memória, gestos destinados a resistir à ausência, ou, mais precisamente, a conservá-la. Se Elliot fosse esquecido, seria perdido novamente, não seria? Mas se sua ausência permanecesse, se o espaço que ele ocupava no tapete recebesse atenção, essa seria uma maneira de guardar um pouco do morto, mesmo quando o que se guarda é um contorno vazio.

Essa série de rituais representa uma educação no trabalho do luto. A perda prefigura outras que virão, e, como ponto de origem, reverbera durante toda a vida. Sempre me espantou que a psicologia tenha dado tanta ênfase à introdução das crianças no mundo da sexualidade; apesar de essas descobertas serem importantes, podemos realmente dizer que são mais importantes para nós do que as primeiras descobertas de limite? A apreensão da morte pelas crianças é um conjunto de iniciações, feridas, introduções ao mistério, e os animais são com freqüência o objeto dessas instruções. A pequena tartaruga na grama, a cobra sem vida no caminho, o sapo esmagado por uma bota, o pássaro engaiolado cuja animação se foi com o canto... são mais que isso para nós quando crianças; eles nos conduzem às profundezas desta vida.

Passeio com Arden, nosso idoso *black retriever*, na rua em frente ao apartamento. Arden está comigo desde que era um filhote resgatado de um abrigo de animais em Vermont. Seus quinze anos de vida representam a história dessa minha década e meia; ele sobreviveu a Wally e tornou-se, depois de certa persistência, totalmente dedicado a Paul, o atual homem na minha vida. E sobreviveu a Beau, com quem dividiu a casa, os passeios e a tigela de água durante sete anos. Ele parece ser velho há tanto tempo! Enquanto é gradualmente debilitado pela artrite e pela catarata, enquanto a surdez aumenta, ele se torna cada vez mais comovente em sua persistência, em sua vontade de continuar os passeios, as descidas e subidas ofegantes pela escada do apartamento. Paul diz que Arden parece um daqueles senhores que a gente vê toda manhã na praia em Miami, do tipo peito de barril, com uma sunga preta justa, que se atira à água para nadar não importa como esteja o tempo; quanto mais fria a água e mais ventoso o dia, mais ele parece se orgulhar do exercício matinal. Assim é Arden, ofegando e arrastando-se para subir a escada. Eu o amo intensamente, ainda mais agora, o jeito como ele gosta de ficar na cama entre nós, olhando para meu rosto enquanto leio, o abajur iluminando as profundezas âmbar de seu olho doente, que parece coberto por uma película de óleo de coco, uma coisa branca que reflete a luz. E as batidas orgulhosas de seu rabo no assoalho escuro quando voltamos para casa e o encontramos acordado à nossa espera; ele não consegue mais se levantar com facilidade para nos receber, mas bate aquele rabo no chão com uma regularidade feroz, gloriosa.

"Passear" é uma palavra ativa demais para o que estamos fazendo de verdade, na calçada em frente ao nosso prédio; eu estou parado e Arden oscila um pouco sobre as pernas trêmulas, olha em volta, considerando o que vai fazer, quando uma mulher desconhecida se aproxima. Ela se comove, parece, ao ver uma criatura tão obviamente idosa, e pergunta como ele vai. Eu digo mais ou menos, explico suas várias doenças e ao mesmo tempo sua coragem. "Coragem" pode parecer um termo impreciso; o que quero dizer é que ele conserva um certo prazer inconfundível pela vida, um interesse pelas coisas, apesar das falhas crescentes de seu corpo, das quais claramente tem consciência. Com certeza isso é uma espécie de coragem.

A mulher, que se inclinou para afagá-lo, endireita o corpo e parece, pelo menos figurativamente, limpar as mãos. Ela diz algo como

"Ele teve uma boa vida. Não é maravilhoso que todos façamos parte do ciclo, estamos aqui e depois partimos?".

Bem, na verdade ela não disse exatamente essas palavras, mas, seja lá o que tenha dito, soou para mim com esse sentido; ela queria afirmar que na grande corrente do ser a velha criatura debilitada ali na sua frente não importava realmente, que sua situação particular não era trágica, porque ele era apenas um clarão no grande movimento do todo.

E eu tive vontade de dizer, mas não disse: *Vá à merda!*

Está bem, a mulher na rua é (perdoe-me) um cão sem dono. Sei que sua frase provavelmente decorre de um esforço para controlar um sofrimento tão profundo que precisa das cercas protetoras de uma racionalização pronta e imediata da perda. Ela provavelmente diz essas coisas a estranhos para não começar a chorar.

Mas de todo modo odeio o apagamento do valor individual em sua teoria, a fácil opção pelo distanciamento. Sua postura sugere que a dor é uma fragilidade. Significa que não aceitamos o ciclo da vida, que desejamos preservar para sempre aquilo que amamos. Por que não conseguimos dizer: bem, Arden e Beau tiveram uma vida boa? Foram cachorros de sorte. Amar algo que tem vida mais curta que a nossa torna a perda inevitável, portanto devemos nos habituar.

Eu decididamente não me habituo. Até hoje a morte continua sendo uma interrupção, me deixa furioso, triste, recuso-me a ceder. Francamente, uma aceitação fácil demais parece sentimental, um apagamento da matéria insubstituível da individualidade particular por uma verdade vaga, generalizada. É assim que funciona o sentimentalismo, substituindo a particularidade por uma neblina morna de sentimento aceitável, a difícil matéria exata da personalidade individual pela vagueza da convenção. As afirmações sentimentais sempre são uma forma de distanciamento; elas confrontam a terrível e aguda consciência da dor individual, a intensa particularidade da perda ou a violenta individualidade da paixão pela certeza "universal" e entediante do lugar-comum.

Nos últimos dias de vida de Beau, quando costumávamos andar até a Washington Square à tarde, o sol baixo entrava inclinado entre os prédios e projetava uma sombra diagonal dourada, quase cor-de-rosa, na metade das casas que dão para a praça, e até sobre a metade superior das árvores.

Eu adorava aquela luz, e de certa forma era o dourado dele – a mesma suspensão quente, mantida ali no ar frio por alguns instantes. E então o mundo todo parecia dividido daquele jeito, metade uma aura de luz dourada e metade uma sombra densa, magnética.

É claro que a praça não ficava um breu onde a luz não incidia, apenas um cinza e um rosa mais profundos. O breu, afinal, tem uma cor linda, como o brilho preto e rico de Arden. Mas em mim, onde eu guardava e carregava essa forma de luz, era diferente: o mundo parecia dividido em fulgor e uma escuridão pura, faminta. Porque havia aquela presença – dourada, ávida, amorosa, alerta – e havia o vazio que ela encontrava, e eu sabia perfeitamente que o dourado estava fenecendo. Não que o dourado fosse desaparecer do mundo – é claro, aquela luz continuaria lá, como está desde o dia em que aquelas casas foram construídas e pela primeira vez interromperam o jorro do sol nas tardes de inverno. E no mundo haveria o brilho de outros cachorros, muitos, e neles eu veria um eco dos gestos e da personalidade de Beau, eu sabia. Mas assim mesmo meu dourado estava desaparecendo, fenecendo diante dos meus olhos, e eu não tinha forças para intervir; qualquer coisa que fizesse para ajudar só parecia reduzir um pouco o ritmo, se tanto.

Ele era um recipiente. Sim, ele mesmo, simples, comum e perfeito naquela maneira desleixada de cachorro, mas continha algo mais para mim, também, que era minha vontade de viver. Eu a havia dado para ele carregar, como uma espécie de rei num conto de fadas cujo poder depende de um animal misterioso, radiante, e que, sem aquela presença animal, se apagará na sombra. Só muito mais tarde compreendi como havia dado esse poder a meus dois amigos silenciosos; eles eram os heróis secretos da minha vitalidade.

Virávamos para o sul quando nosso passeio terminava, voltando para casa no frio, geralmente na hora em que o lusco-fusco se adensa, mais cedo no inverno, quando o mundo se azulava. À nossa frente pairavam dois retângulos altos com pequenas lâmpadas trêmulas, oscilando na turbulência quente do ar exalado. De dia eles pareciam mera geometria rígida, torres de escritórios sem graça, os pilares da cidade. Mas, quando a noite caía, subitamente pareciam amistosos, um pouco mais escuros que o céu, reluzentes com a evidência de calor e vida.

Entreato

Sobre sentimentalismo

A superfície melosa do sentimental existe para proteger seu criador, assim como o público, da raiva.

Da linda imagem que se recusa a ficar, da ternura que conferimos aos objetos do mundo - nosso intenso desejo de amar, ter um lar, construir conexões, confiar no outro -, como tudo isso é eliminado rapidamente! Imagens sentimentais de crianças e de animais, representações suculentas de amor - elas são alimentadas, na verdade, por seus opostos, por uma terrível fúria humana de que nada permaneça. O verso no cartão de felicitações, o arco-íris pintado a aerógrafo, a graciosa cara do cachorrinho na camiseta cor-de-rosa macia - essas imagens não representam o mundo como ele é, em sua complexidade e individualidade, mas distorcem as coisas, aparentemente servindo como um abraço cálido. Elas parecem vazias porque não reconhecem a raiva inerente ao fato de as coisas não serem como se mostram - o mundo, nos termos delas, não é um universo de indivíduos, mas uma série de instâncias intercambiáveis de encantamento. É preciso afirmar a insignificância da individualidade para tornar suportável a mortalidade.

Dessa maneira, o sentimental representa uma raiva da individualidade, do singular, do insubstituível. (Por que você simplesmente não arranja outro cachorro?)

A raiva que há por baixo do sentimental explica sua estranha vacuidade. Mas suponho que seja mais fácil senti-la do que ao que há sob ela: o terror do vazio, do descartável, da ausência de significado ou valor; o espaço vazio de nossa própria morte, nem compreensível nem representável. Não uma cabeça da morte sorridente, mas algo pior: o vazio inerte, o zero que ninguém contorna, apesar de tentarmos; reprima-o e ele voltará, mais faminto, mais negador, com maior empuxo.

O desespero, creio, é fruto da recusa de aceitar nossa condição mortal. Talvez seja menos passivo do que parece; o desespero é uma profunda afirmação da vontade? O ser teimoso diz: Não quero isso, não aceito.

Está bem, *diz o mundo,* não aceite.

O coletivo continua; o todo segue em frente, enquanto cada parte se separa. Ligar-se apaixonadamente ao individual, que está sempre condenado a desaparecer, faz de alguém um sábio ou um tolo?

Capítulo 2

Meu Beau viveu vinte e quatro dias, os últimos dele, na cidade de Nova York. De toda a sua existência, esses dias me parecem os mais vívidos, mais peculiarmente presentes na memória. Por que seria assim, em sete anos de prazeres? Seu jeito de nadar nas ondas atrás de uma bola de tênis atirada, a cabeça acima da água, até alcançar o objetivo e então avançar com as patas num único movimento dedicado; e depois, quando estávamos os dois exaustos, o jeito de sentar na areia ao meu lado, apoiando em mim seu peso molhado com afeto e solidariedade (hábito que certa vez me causou a pior crise de alergia que já tive, porque ele atravessara uma moita de urtigas de folhas pontudas antes de se encostar em mim). A intensidade selvagem de sua corrida barranco acima na praia do Cabo, em Truro. O cheiro de maresia que subia de seu corpo depois de um passeio em junho (não há nada no mundo que cheire exatamente como um *golden retriever* que mergulhou num mangue). Um dia ventoso de inverno naqueles mesmos mangues quando saímos da trilha para espalhar as cinzas de Wally, e a mãe de Wally atirou na água uma única rosa de cabo comprido, e Beau não desistia de apanhá-la - buscou-a várias vezes, e a pele pálida embaixo de seu pêlo louro-avermelhado azulou com o frio. Um dia ensolarado de fevereiro quando meu amigo Michael e eu fomos passear nas dunas, e Beau, que tinha se afastado em explorações, veio em disparada descendo uma encosta nevada para me saudar, olhando fixo no meu rosto, e me senti exatamente como a velha em *A Christmas Memory*, de Truman Capote, que exclama: "Oh, Buddy, eu poderia deixar o mundo com a visão deste dia!".

Sigo nesta história intricadamente detalhada, mas ela já foi encoberta por vinte e quatro dias. Agora parece que sempre estivemos caminhando pelo longo corredor do prédio, entrando no elevador meio emperrado, com o chão marcado pela sujeira de botas e sapatos de inverno, saindo pelo saguão para o pátio aberto, onde o porteiro, um exemplo especialmente egrégio de como uma pessoa que tem muito pouco poder às vezes usa toda a autoridade disponível com uma notável diligência, nos olha fixamente porque acha que Beau vai urinar numa cerca viva que é seu orgulho, ou seu fardo. Depois para a passagem de pedestres lotada que leva ao norte, na direção de Washington Square, nossa paisagem: o sol ralo do fim de tarde de inverno, os caminhos oblíquos em direção ao círculo no centro do parque, então a pista de cães, com seu odor denso e penetrante, os saltos, os ganidos e os olhares atentos das laterais. Não tenho certeza se Arden e Beau realmente gostam da pista de cães; ela é claramente uma fonte de profundo interesse, mas eles parecem passar muito tempo nas margens, espiando os saltos e as brincadeiras, as raças elegantes com seus penteados extravagantes misturadas com *pit bulls* e vira-latas de orelhas caídas. Acho que nenhum dos meus cães está a fim de confusão. Tento imaginar como seria ir a um lugar público contando com a possibilidade imediata de sexo ou briga. Seria um prazer, haveria a sensação de estar mais vivo?

Mas hoje somos só Beau e eu, e não vamos para a pista, mas para o norte, para a Rua 9, ao veterinário. O doutor Cain trabalha no East Village, a vários quarteirões de casa, e nosso passeio nos leva por uma passagem que está se tornando familiar. Recusamos a atração do espaço aberto, que nos puxa para o parque, seguimos para University Place - pequenas lojas anônimas, tinturarias, lojas de roupas, ópticas -, depois passamos pelos grandes edifícios de apartamentos na Rua 9 Leste, cruzamos a Lafayette, onde a personalidade do bairro começa a mudar, e atravessamos a Terceira Avenida até o East Village propriamente dito: conjuntos habitacionais de tijolos, pequenas manchas de gelo nas calçadas, rabiscos ilegíveis a tinta, arame cortante enrolado sobre um portal, um vestido cinza na vitrine de um estilista, como uma coluna arquitetônica feita de cetim. Esculturas de Bali, um extravagante mostruário repleto de chapéus de plumas, como pedaços de figurinos perdidos de *O conde de Monte Cristo*. Passamos pela loja de alimentos naturais para bichos de estimação, com seus gatos abandonados expostos para adoção, adormecidos junto à vitrine, pelo restaurante ucraniano e seus murais expressionistas, e então pela loja de brinquedos.

Eu adoro a vitrine da loja de brinquedos, onde montaram um teatro de marionetes de papelão pintado com estrelas, Punch e Judy espiando detrás da cortina de veludo. TEATRO AURORA BOREAL, proclama a caligrafia em purpurina sobre o palco. Beau também pára aqui, cabeça erguida, alerta, olhando para a vitrine. O que ele vê? Bichos de pelúcia, bonecos, um móbile? Como se quisesse entrar para ver as maravilhas. (Estranha e repentina sensação, um pouco como imaginar o que é ser pai, presenciar o deleite de uma criança. Reconciliado, então, com o início das delícias?)

A seguir um templo taoísta abaixo do nível da rua, montes de antiguidades, uma butique chique onde um cachorrinho charmoso de suéter angorá guarda uma vitrine com um grande vaso de copos-de-leite. Descemos a escada metálica, a passagem subterrânea até o Hospital Veterinário Saint Marks, com sua sala de espera quente e lotada. Um menino com uma tartaruga numa caixa de papelão. Duas mulheres de *tailleur* com um pequeno *terrier* cuidadosamente escovado. Um travesti latino com um gato branco de pêlos longos em um porta-bichos pousado no colo, sentado ao lado do namorado, os dois com um ar de tristeza impenetrável. Um rapaz de vinte e poucos anos, sério, ar intelectual, segurando no colo uma caixa de sapatos com buracos feitos nas laterais e no topo, pelos quais ele olha para alguma coisa viva indeterminada.

O lugar está numa agitação louca; o telefone toca o tempo todo; a recepcionista tem de interromper a conversa com os que chegam ou partem para atender e marcar novas consultas. Beau está totalmente interessado, e ao mesmo tempo tem um bom comportamento cauteloso; ele se deita aos meus pés, de cabeça erguida, virando-se de uma criatura amada para outra, absorvendo tudo aquilo.

É a nossa vez, finalmente. O doutor Cain é baixo, autoritário, fala depressa e tem o ar empresarial de um mestre em administração de Harvard; tem provavelmente trinta anos, é um veterinário *high-tech,* da nova escola, de avental branco, mas não demora para aparecer, sob seu discurso rápido e entrecortado, os contornos da compaixão. Ele examina a ficha de Beau, que eu trouxe do médico antigo; explica que será preciso colher sangue para monitorar a situação dos rins de Beau; parece notar que prestei atenção ao que meu antigo veterinário disse e agora entendo de níveis de função renal, dietas de baixa proteína. Beau perdeu alguns quilos desde que foi pesado pela última vez: mau sinal. Apertando sua pele dá para ver que está um pouco desidratado. Ele fica firme na coleta de sangue, que o médico faz enquanto segura uma das patas no ar e eu seguro a cabeça; Beau é incrivelmente cooperativo, como sempre, mas pisca os olhos à primeira agulhada, que na verdade erra a veia; o doutor Cain tem de repetir, e dessa vez ele e Beau se encolhem; o sangue escuro começa a fluir para o tubo, enchendo a seringa.

Passam-se dias antes da ligação com a notícia, e ela não é boa. A contagem renal está elevada, excesso de creatinina no sangue. O que devo fazer: manter uma dieta com pouca proteína, e ele precisa receber fluidos sob a pele. Sob a pele? O médico quer dizer que é preciso aplicar soro diretamente em sua corrente sanguínea. Ele diz que os cães que recebem fluidos "duram muito mais tempo". Posso levá-lo ao consultório todos os dias para o procedimento, ou posso aprender a fazer eu mesmo. "É fácil", ele diz. "Você vai conseguir." O doutor Cain diz que vai mandar um técnico me ensinar.

Fazemos a caminhada novamente. Rostos novos na sala de espera, novos cachorros enrolados no chão ou seguros no colo, novos gatos espiando de suas gaiolas. A técnica nos chama. Ela tem vinte e poucos anos, é gentil e olha para Beau com uma expressão que eu nunca tinha visto dirigirem a ele: o tipo de olhar penalizado que damos aos moribundos. De repente lembro quando já tinha visto esse olhar: quando Wally fez seu primeiro passeio pela cidade na cadeira de rodas, depois de perder a mobilidade das pernas por causa de uma infecção viral no cérebro, uma complicação da aids. Naquela tarde entendi que as outras pessoas o consideravam um moribundo. Não há qualquer motivo pelo qual isso devesse ser uma surpresa, mas ainda assim foi chocante ver minha própria realidade declarada com tanta franqueza nos olhos dos outros. É o olhar – sem palavras, carregado de significado – que faz nossa experiência parecer real. Conhecemos a nós mesmos pelo modo como somos conhecidos, nossa medida é tirada pelo olhar do estranho que nos vê.

Hoje minha reação instintiva é não admitir isso, não totalmente. Vamos em frente, fazer o que deve ser feito. Os "fluidos" – soro fisiológico, eletrólitos – vêm em sacos plásticos marcados com linhas de gradação, como as marcas num medidor de cozinha. Os sacos devem ficar pendurados no alto, para que o líquido possa pingar por um tubo, empurrado pela força da gravidade, e fluir por uma agulha inserida sob a pele do cão. A idéia é segurar um bocado daquela bonita pele frouxa que os cachorros têm nas costas e enfiar a agulha só um pouco, de modo que não entre no músculo nem saia do outro lado. É preciso prática — para acertar e para lidar com a própria aversão a fincar uma agulha grossa num corpo vivo.

Beau estava nervoso e não quis se deitar, então experimentamos em pé. Primeiro sou cuidadoso demais com a agulha e não furo com força suficiente. Depois furo fundo demais, fazendo-a sair do outro lado do bolo de pele. Ele se retrai ligeiramente, mas não parece se importar muito. Acho que nunca vou acertar isso, mas tento de novo. A agulha entra, mas as águas salvadoras não correm; a técnica diz para eu mexer um pouco a agulha, pois ela deve estar encostando no músculo, e o faço... abençoadamente o líquido começa a correr. Ou melhor, a pingar lentamente; leva cerca de cinco minutos para um saco terminar. Esperamos. Beau é paciente, à sua maneira cordata, mas percebo pela posição de seus quadris e pelo modo como levanta a cabeça que gostaria de ir embora.

"Por quanto tempo", pergunto por perguntar, "vamos ter de fazer isso?"

"Enquanto ele viver", ela responde.

Eu não tinha realmente considerado essa hipótese. Essa coisa vai fazer parte do dia-a-dia de agora em diante? Posso realmente fazer isso em casa sem a ajuda de alguém que sabe o que está fazendo?

"Bem", ela diz então, "colocamos meio litro nele, está bom para o primeiro dia, podemos parar agora." Eu puxo a agulha do calombo que se formou nas costas de Beau, onde a água ainda não foi absorvida. Um pouco de líquido começa a vazar, tingido de rosa com seu sangue. Ela se apressa a me dizer que isso é normal, que não devo me preocupar. De repente percebo como ele está soltando pêlos; ajoelhado ao seu lado, abraço-o, e meu *jeans* e minha camisa pretos estão absolutamente cobertos de pêlos louros. Olho para o chão e vejo que estou ajoelhado na água ensangüentada que vazou dele. Estou ajoelhado na sua ruína, e é como se pudesse ver os parâmetros de sua vida na minha frente.

Estou ajoelhado numa sala ensangüentada no fundo do mundo e posso ver exatamente para onde vamos, mas afasto essa sensação e agradeço à técnica. Compro duas grandes sacolas plásticas cheias de bolsas de soro e agulhas, e começamos a caminhar de volta para casa. Seguro uma sacola em cada mão, além da coleira, e Beau vai na frente, feliz por ter saído de lá. Mas eu sinto como se ainda estivesse naquela sala, naquele chão; mal consigo ver o que está à nossa frente. Mas Beau consegue. Ele nos conduz pela Rua 4 e pela Lafayette, atravessa a Broadway; quando estamos quase entrando em casa, alguém olha para ele de novo com aquela espécie de compaixão - deve ser sua magreza, os ossos protuberantes dos quadris, o focinho branco —, e vê-lo refletido nos olhos de um estranho me deixa arrasado. A força que tive para me controlar no consultório derrete; fico líquido, meus olhos se enchem de lágrimas e mal consigo enxergar a calçada.

Só então Beau pára e vira a cabeça para me olhar; com uma espécie de gentil decisão, aproxima a boca de minha mão, abre ligeiramente os lábios e pega a luva de couro. É sua brincadeira favorita, e ele sai andando com a luva preta e mole na boca, o rabo peludo bem levantado, todo contente. Ele sabe o que deve fazer.

Teatro Aurora Boreal. A vitrine é a única fonte de luz na Rua 9 Leste, vazia e obscura. Essa é a hora em que ninguém está olhando, em que qualquer coisa pode acontecer. E então começa um espetáculo: as lâmpadas se acendem atrás da cortina da meia-noite; uma música suave e metálica, quase inaudível através do vidro, torna-se um pouco mais firme e insistente; então a cortina se abre, puxada para cima pelas laterais, e sobe lentamente para as coxias. Onde estamos?

O gabinete de um estudioso, um homem envelhecido que vem aqui todos os dias, para o seu *sanctum sanctorum* de livros, uma privacidade na qual se cercou de provas de paixão: dicionários, conchas, ossos de pássaros, penas, ninhos, jarros de detritos, pedaços de lugares onde ele esteve, testemunho físico. Ele está lendo sobre a mesa, as mãos de boneco viram as páginas de um livro grande e antigo, e então seu olhar lentamente parece mudar, a cabeça começa a baixar vagarosamente em direção à mesa, como um objeto movendo-se em água ou óleo, em direção ao livro. As mãos se unem à frente, sobre as páginas abertas, a testa pousa nas mãos. Imobilidade, silêncio.

Então assistimos – não é tão terrível, mas maravilhoso – ao topo de sua cabeça se abrir, como se o crânio tivesse duas portas, à semelhança dos alçapões por onde as mercadorias são descarregadas nas calçadas. Lá dentro é escuro, e então a escuridão gradualmente enche o palco, até que todo o espaço à nossa frente fica dentro do sonho do estudioso.

Um após o outro, os objetos começam a flutuar, aleatoriamente, estranhas aparições que flutuam à vontade por seus pensamentos. Sapatos, chaves, uma velha pipa. Artigos perdidos: o amado canivete de uma criança, logo desaparecido, com uma cabeça de cavalo coberta por um pequeno domo de vidro no punho, o belo perfil cercado de ferraduras da sorte e trevos verdes. A aliança de casamento de ouro rosa de minha avó, a pulseira de turquesas de minha mãe, uma jaqueta de brim que eu bordei quando tinha dezesseis anos. Um par de mocassins de couro feitos à mão, as fivelas emolduradas por aros de bronze roubados no Yippee Free Festival, num parque no centro de Tucson, Arizona, em 1969. Para onde vão essas coisas, correndo no redemoinho silencioso? Descem pelo túnel do desaparecimento – não, descem não, sobem: aqui as coisas são sugadas para fora do mundo, uma após a outra. Lá vêm alguns objetos do estúdio dele: aquele ninho de ave com um único ovo azul, coletado num inverno, num arbusto no Cabo. Uma carta de amor recebida e nunca levada a sério. Folha de papel marmorizado de Veneza. Uma caixa de livros e papéis perdida em uma de nossas mudanças, com meu passaporte. É uma espécie de redemoinho estranhamente aconchegante, sem muita pressa, tudo passa mas se deixa ver em movimento.

O estudioso – é claro que eu sou aquele homem, com seus livros e suas pilhas de velhos manuscritos, arquivos e bagunça – procura se posicionar em relação ao tornado. Uma contabilidade prática de cada elemento voador? Uma disciplina de distanciamento? Um estudo do trabalho humano de catalogar e organizar cada ausência? Cada corpo se move para cima e para fora, na história mais antiga. Nada fica. Mas há algo em minha mão, estou segurando... o que é isso?

Estou de volta à rua, olhando pela vitrine, para a cortina fechada do teatro de papelão. O peso em minha mão é a trela da coleira, é claro; olho para baixo e lá está meu amigo dourado, sentado em alerta, fitando com muita atenção o espaço onde a peça se desenrolou.

Entreato

Sobre ser um louco

O vento que carrega coisas perdidas, em meu sonho com um teatro de marionetes, sopra neste poema de Emily Dickinson.

"O vento não veio – hoje – do pomar
veio de mais longe –
nem parou a brincar com o feno
ou um chapéu soprar –
ele é um tipo transitivo – muito –
nisso pode confiar –

Se deixa carrapichos na porta
sabemos que num abeto subiu –
mas, diga, onde está o abeto –
você já esteve perto?

Se traz aroma de trevo
e isso é assunto seu – não nosso –
então esteve com os ceifeiros –
amolando para passar as horas
em doces pausas do feno –
é o seu jeito – num dia de calor

Se arrasta areia, e seixos –
chapéus de menino – e palha –
às vezes uma torre de igreja –
num rouco "Saia do caminho, já disse",

quem seria louco de ficar?
Seria você - diga-me -
seria louco a ponto de ficar?"[2]

O poema começa num tom de brincadeira, quase infantil; é um vento que não se detém a "brincar com o feno" nem "um chapéu soprar". Mas Dickinson agilmente aprofunda seu poema; como de hábito, ela trabalha com uma superfície ligeira para nos surpreender com a ferocidade e a gravidade extraordinárias que o poema alcança.

Esse vento não é comum; ele não vem apenas do pomar próximo, mas de algum lugar mais distante, menos reconhecível. É o vento da contingência, e poderia trazer sinais de possibilidades distantes, embora o que ele nos traz não possa ser totalmente conhecido (aquele abeto, onde está?) ou controlado. O que o vento nos traz é assunto dele, não nosso; não está na esfera do poder humano se ele nos atira odores ou areia, seixos, torres ou arranha-céus. O vento sopra para onde lhe apraz, age como bem quer; tudo pode ser, e será, soprado para longe, e portanto é tolice segurar-se. Quem seria tolo a esse ponto, de não se soltar, já que tudo a que nos agarramos será arrancado?

A implicação dos três últimos versos - com sua insistência na pergunta - não é apenas de que a narradora desse poema é, ela própria, louca a esse ponto, mas que ela sabe que seu leitor também é. Não há onde ficar, fora desse vento. Mas como se pode viver o tempo todo sacudido e golpeado pelo vento? Como pode alguém continuar aceitando se apaixonar, no longo trajeto do apagamento?

---

[2] *"The Wind didn't come from the Orchard - today - / Further than that - / Nor stop to play with the Hay - / Nor threaten a Hat / He's a transitive fellow - very - / Rely on that - // If He leave a Burr at the door / We know he has climbed a Fir - / But the Fir is Where - Declare - / Were you ever there? // If He brings Odors of Clovers - / And that is His business - not Ours - / Then He has been with the Mowers - / Whetting away the Hours / To sweet pauses of Hay - / His Way - of a June Day - // If He fling Sand, and Pebble - / Little Boy's Hats - and Stubble - /With an occasional Steeple - / And a hoarse "Get out of the Way, I say," / Who'd be the fool to stay? / Would you - Say - / Would you be the fool to stay?"*

Capítulo 3

Esta manhã, uma *golden retriever* avermelhada estava sentada em frente à agência do correio da Rua 18, com a trela enrolada na grade metálica ao redor de uma árvore. Ela estava completamente concentrada na ausência da pessoa que tinha entrado para enviar uma carta; acho que nem é certo chamar a isso de "ausência", já que para ela o dono é um fato mental tão palpável que ela realmente não pode admitir mais nada: o caminhão do correio que apita enquanto dá marcha à ré, as britadeiras e betoneiras diante dos novos edifícios do outro lado da rua, nem mesmo o pequeno *terrier* imaculado que passa deslizando, as pernas agitando-se numa velocidade improvável. Nem um olhar. Ajoelhei-me a alguns passos dela para observar sua concentração. A testa está um pouco enrugada, uma certa preocupação, então ela se vira para mim, faz contato visual, um súbito sorriso que desarma, vitorioso, que pode ao mesmo tempo significar *Quem é você?* ou *Olá!* – e imediatamente gira a cabeça para trás, na tarefa de observar a porta de bronze do correio como se sua vida dependesse dela.

E na verdade depende.

Refiro-me ao aspecto físico, no sentido de abrigo e comida, e à posição do cachorro num ambiente incompreensível – o que um *retriever* sem dono faria na Rua 18 em Manhattan? Mas quero dizer mais que isso, também. O cachorro só existe em relação a alguém; sua identidade é construída em torno de uma determinada pessoa ou pessoas, de uma série de circunstâncias sociais. Elas são, para colocar de modo imponente, seu campo ontológico, elas lhe dizem quem ele é, e daí derivam todas as possibilidades de ação e todas as opções.

Isso explica a terrível depressão dos cães em abrigos, e sua evidente ansiedade para fazer contato, os que ainda têm essa vontade. Certa vez escrevi um poema sobre o abrigo de animais em Brewster, Massachusetts, onde encontrei Beau. Tentei descrever esses abandonados, fazendo-o com o duplo sentido que a poesia nos permite com a quebra de linha, que nos convida a pensar em diversos significados. Escrevi:

> "O cão sem dono não é nada
> senão ansiedade..."

Quero dizer isso nos dois sentidos. *O cachorro sem dono não é nada*, no sentido de que não há um relacionamento em que esses cães possam se basear, construir um conjunto de relações que formam, por assim dizer, a caninidade. E também quis que a frase fosse lida inteira: *O cão sem dono não é nada senão ansiedade.* Disposição para recomeçar, conectar-se, começar de novo. É incrível como até os cães espancados, criaturas submetidas à crueldade mais insensível, muitas vezes parecem nos dizer: *Sim, eu registro você, olá, quais são nossas possibilidades?* A menos que o frescor e a reatividade característicos sejam extirpados deles, quando desabam no desespero.

Por que amamos uma espécie tão dependente de nós? Não é raro os seres humanos realmente se esquivarem de expressões de dependência, especialmente de outras pessoas: não apreciamos as demonstrações de necessidade, a admissão de impotência.

Não ajudamos nossos cães a caminhar para a independência como fazemos com as crianças - e, é claro, como as crianças desejam. A necessidade que o cão tem de nós é permanente. O grande sucesso evolucionário de sua espécie está em sua capacidade de nos convencer de que precisamos deles.

Eles conseguiram isso tornando-se extraordinariamente atraentes. Não é fácil definir a origem dessa atração, que existe em níveis abaixo do verbal, em nossas profundezas. Mas posso indicar alguns aspectos de nosso prazer, sete deles, para ser exato.

Um

Os olhos. O olhar que nos registra, fascinado, devotado, caracterizado por um interesse absoluto, sem qualificação. O olhar do cachorro registra tudo o que o marca, qualquer coisa que importe. No campo, parece ser praticamente tudo, qualquer ruído ou movimento. O cão urbano aprende a selecionar, da parede de estímulos da cidade grande, os mais interessantes. Mas o mais interessante para o cão - pelo menos é o que esperamos ardorosamente - somos nós mesmos.

Uma mulher do meu prédio passeia todos os dias com um robusto *retriever* chamado Hartley. Hartley é surpreendentemente belo e magnético; ele chama a atenção dos passantes, mas a mulher gosta de simplesmente continuar andando. Uma ou duas vezes manifestei meu prazer ao ver Hartley, ajoelhando-me para cumprimentá-lo e apreciar seu peito largo e suas belas patas pesadas, os dentes muito brancos e a esplêndida língua rosada que ele estende em direção à minha barba. Acho que essa expressão de atração seria aceitável para a mulher que Paul e eu chamamos, porque não a conhecemos, de "mãe do Hartley", se Hartley não tivesse retribuído tão claramente meu interesse. Ele sentou-se numa pose muito ereta e olhou-me no rosto; ofereceu a pata; levantou-se e se encostou em mim, apoiando seu peso no meu corpo, um gesto favorito de afeto dos *retrievers. Vou deixá-lo sentir minha pressão, o aspecto físico de minha consideração por você*, ele parecia dizer, e sua mãe não gostou. Não lembro se ela realmente disse ou apenas indicou: "Já chega, Hartley, está na hora do nosso passeio", mas foi interessante sentir que eu e o cachorro fomos castigados; eu, por me intrometer, suponho, no amor da vida dela. E Hartley? Por compartilhar seu olhar franco, que deveria se dirigir unicamente para sua dona? Talvez ela dependa do olhar constante de Hartley para aprumá-la. Aprumar sua posição no espaço e no tempo, já que ser reconhecido nos situa, e para salientar sua identidade como aquela que cuida, alguém que é central, o sujeito no centro do seu mundo. "Eu sou eu", escreveu Gertrude Stein, "porque meu cachorrinho me conhece." Mas e se um dia seu cachorrinho dirigisse o olhar para outra pessoa? Afinal, Hartley é o espelho dela, e o reflexo de uma pessoa é necessariamente um assunto bastante particular.

Dois

Muito já se disse sobre a quase absoluta recusa do cão a fazer julgamentos. Não é preciso se arrumar para eles, eles não têm noção de posição social, não se importam com raça, nível econômico, gênero, orientação sexual ou qualquer forma de privilégio humano. Arden e Beau me foram muito úteis quando Wally morreu, não só porque suas necessidades diárias me mantinham ligado ao mundo de responsabilidades e horários, mas porque eu podia falar e chorar com eles durante a metade do dia e eles não se importavam, nunca me acharam mórbido e nem uma vez sugeriram que eu devia superar aquilo.

Quando falamos sobre essa aceitação incondicional, estamos na verdade descrevendo uma dedicação estrita, uma profunda confiabilidade. A origem disso é em parte a falta de iniciativa dos cachorros. Eles realmente não podem fazer outra coisa além de nos amar, podem? Mas essa é uma maneira negativa de expressar o fato de que, ao entramos num relacionamento com eles, nos tornamos aquele campo ontológico que descrevi acima. O contrato a que aderimos é levado muito a sério pelos cães. Podemos decidir abandoná-los - tristemente, muitas vezes o fazemos -, descumprir nosso lado do trato, mas os cães não consideram essa opção; eles pretendem, poderíamos dizer, honrar esse pacto com todo o coração, ou talvez a maneira menos antropocêntrica de dizer isso seria que um cachorro é em parte simplesmente uma intenção de estar com você, de ser conjunto. Por isso eles são o padrão de fidelidade - Fido! -, o próprio modelo da lealdade duradoura, do amor sem perspectiva de abandono.

Essa característica - e sua diferença das oscilações do amor humano - está por trás das representações mais sentimentais de relacionamentos entre pessoas e animais. Eu adoro essas histórias: o cão heróico em Provincetown, que diariamente se deitava ao lado do túmulo do dono até que ele mesmo morreu, e hoje está representado numa linda escultura de granito que ainda espera e vigia. O melhor momento para visitá-lo é numa noite de neve, quando o campo branco ao redor e os flocos sobre sua cauda e suas patas parecem salientar-lhe a face tranqüila e ávida. O são-bernardo do século XIX, numa cidadezinha de Iowa, que salvou um bebê dos trilhos do trem, pegando a criança pela camisola e tirando-a do caminho da locomotiva que se aproximava, e que é lembrado até hoje por sua imagem de bronze em tamanho natural, ao lado da velha ferrovia desativada. Nessas duas histórias a fixidez do olhar dos cachorros era tão notável que parecia pedir preservação, uma réplica, para que os olhos de pedra ou metal pudessem seguir numa versão permanente do trabalho que escolheram.

Se eu insistir em minha afirmação de que o sentimentalismo é um disfarce para a raiva, não será difícil apontar a origem particular desse tipo de sentimentalismo: o fato de que outro ser humano jamais nos dedicará o mesmo afeto irrestrito, incondicional, que um cão nos dedica. Nossa completa imersão na linguagem traz consigo restrições e condições; depois de entrar no mundo dos signos, nunca mais podemos ser tão simples.

O fato de eu saber que as histórias de cachorros fiéis são *kitsch* de modo algum diminui sua força. Quando Wally estava doente, por exemplo, preso a um leito hospitalar alugado em nossa sala, perdendo as faculdades mentais por causa de uma infecção viral no cérebro, ele gostava de assistir a filmes infantis, então eu alugava vídeos para ele, que os via repetidamente. Assim que um terminava, ele não tinha a menor lembrança de tê-lo visto e ficava muito feliz em assistir à fita de novo. Comprei fones de ouvido para ele, para que os filmes não me enlouquecessem. Quando Wally assistiu à nova versão da Disney de *A incrível jornada*, uma história em que dois cães intrépidos e um gato conseguem reencontrar sua família humana após diversas dificuldades, fiz questão de que ele os usasse. Não queria que aquelas imagens e a trilha sonora se infiltrassem em minha mente, porque sabia que partiriam meu coração. Não importa que minhas circunstâncias já fossem realmente duras; eu administrava aquilo de certa forma, mas não conseguiria suportar a representação da dor.

Pouco tempo depois, eu estava num avião, voltando para casa de uma viagem de negócios, e na tela passava *A incrível jornada*. Consegui não olhar o tempo todo, mas nos momentos finais fiquei totalmente preso. Quando o velho *golden retriever* finalmente encontra o menino ruivo, seu amigo especial, a quem ele mais queria encontrar, as imagens bastaram para me fazer chorar aos prantos. Tentei usar um lenço de papel discretamente, para que a pessoa ao meu lado não me visse desmoronar.

Quando finalmente ouvi a trilha sonora ridícula, em que atores humanos falam os pensamentos dos cachorros, pensei: "Bem, graças a Deus isto é tolo demais, antropomorfizado demais para ser comovente, então estou a salvo". Mas aí passou a última cena, em que o velho *golden*, colocando as patas sobre os ombros do menino amado, diz com sua voz pastosa: *Pensei em você todos os dias*; isso bastou para me transformar numa poça de lágrimas, mesmo que um momento depois eu estivesse rindo de mim mesmo.

Três

A trilha sonora desse filme é ridícula porque os cães falam, e na verdade o silêncio da espécie é um dos segredos de sua atração. É claro que eles fazem sons - uma série deles, de ganidos e rosnados a latidos a plenos pulmões -, mas qualquer um que ame um cão já teve a experiência de ser observado por uma criatura que parece estar prestes a falar, ou que parece querer falar.

Arden tem um vocabulário de pelo menos doze palavras, o que parece notável para uma criatura que não apenas não fala inglês como não utiliza nenhuma linguagem, ou pelo menos não deveria. No entanto, ele tem bem claro o significado de "passear", "coleira", "praia", "loja", "sentado", "biscoito" e os nomes de nossos dois gatos, Portia e Thisbe. (Gatos? Que gatos? Bem, nenhuma história pode conter tudo.) Quando lhe diziam para procurar Wally, ele o fazia; mandado procurar Mark, ele não se enganava sobre quem era quem. Ele sabia que a frase "Faça pipi rápido" queria dizer "Saia, alivie-se e volte logo para casa, está bem?".

Eu tinha uma fieira de sinos de bronze pendurados numa corda na porta da cozinha. Quando queria sair, Arden tocava os sinos com o focinho. Portanto, ele entendia os sinos como um sinal. Essa é uma forma de linguagem, obviamente, já que não há um motivo pelo qual o som dos sinos devesse significar isso e não outra coisa. A atribuição do significado é arbitrária, a não ser pelo fato de os sinos estarem na maçaneta da porta. Há algo de pungente nessa incursão no mundo da fala, dos signos.

Mas ele mesmo nunca pronunciará uma palavra. Talvez os cães nos lembrem desse limiar, dessa passagem da falta de comunicação verbal; cada um de nós a fez individualmente, quando criança; em algum momento que ninguém consegue lembrar aprendemos uma palavra, ligamos um som a um objeto. É quando realmente deixamos de ser bebês.

O autor inglês Richard Hughes, extremamente cínico, definiu nossa distância da mente do bebê com incrível aptidão metafórica:

Quando nadamos embaixo da água, é muito assustador de repente darmos de cara com um grande polvo. É algo que não se esquece: o respeito, mas também a sensação da impossibilidade de qualquer simpatia intelectual real. Logo somos reduzidos à mera admiração física, como qualquer pintor tolo, pela ternura do olhar quase bovino, a bela e infinitesimal mobilidade daquela grande boca desdentada, que aceita com tranqüilidade a água na qual você, para preservar a vida, deve segurar a respiração. Lá ele repousa numa dobra da pedra, aparentemente sem peso no meio verde translúcido, mas muito grande, mais macio que seda, recolhido em repouso ou agitado, reconhecendo sua presença. Lá em cima, tudo é limitado pela superfície do ar, como uma janela de vidro brilhante. O contato com um bebê pode provocar pelo menos um eco dessa sensação naqueles que não tiverem o cérebro embotado por um surto de maternidade.

E, é claro, não se trata de uma simples questão individual; em algum ponto, toda a nossa espécie deu esse passo, deixando para trás a vida sem palavras e encaminhando-se para o exílio capacitador da formação de símbolos. Quando olhamos para um cão que parece quase prenhe de significado indizível, revemos algum lugar distante mas ligeiramente conhecido.

Quatro

Os cães nos oferecem algum relacionamento com a vida selvagem, numa época em que estamos cada dia mais distantes dessas coisas; eles são um símbolo da natureza domesticada, da companhia animal que nos últimos cem ou duzentos anos deixamos para trás. Ficamos um pouco assustados quando nossos cães fazem algo fora do âmbito doméstico - por exemplo, engolir um camundongo, uivar para a lua ou rolar na merda -, mas de certa forma valorizamos isso também e demonstramos como esses momentos são importantes, contando-os a outras pessoas. Minha amiga Marie diz que gosta de nosso apartamento porque ele tem uma lareira que funciona, e assim podemos ver em plena cidade de Nova York, em nossa casa, o elementar; tudo à nossa volta é fabricado, mas o fogo é uma coisa não humana, essencial, imoldável.

Os animais domésticos são uma espécie de lareira?

Cinco

Segundo os biólogos, tendemos a gostar de qualquer criatura que lembre um bebê humano: chimpanzés, golfinhos e o E.T. compartilham essa qualidade. Cabeças e olhos grandes, assim como feições atenuadas, parecem imediatamente derreter a resistência humana. A poetisa Eleanor Wilner aproveita isso de maneira brilhante quando sugere, em seu poema *"The Love of What is Not"*[3], que a razão do empenho dos ativistas antiaborto é o fato de o feto que eles defendem se parecer com nossa concepção dos alienígenas e, portanto, representar para nós a possibilidade de libertação. Quantos filmes de ficção científica apresentam a idéia de que crianças celestiais virão do céu e nos levarão para uma nova casa pouco antes de destruirmos esta?

Todo mundo realmente quer um bebê ou um substituto dele? A idéia parece redutiva. Mas a verdade que ela encerra é que ficamos encantados por certos tipos de limitação: a dependência do cachorro, como a da criança pequena, atrai mais que repele. O fato de eles não poderem nos falar, de poderem estar tão plenamente presentes sem se comunicar inteiramente, desperta em nós certa compaixão; reconhecemos algum espelho no modo como eles estão mergulhados num mundo de símbolos enquanto participam dele apenas parcialmente? É claro, podemos falar, podemos entender a fala dos outros; no entanto, sabemos por experiência que somente uma parte da realidade é representável em palavras. Sinto-me imerso em sentimentos que não posso nomear, na maioria das vezes. Experimente dizer o que você ama no seu parceiro, ou o que há numa pessoa que produz em você um estado de intensa excitação erótica, ou desejo, ou mesmo qual é a sensação exata da febre - logo fica óbvio que nós também somos cidadãos apenas parciais do mundo da linguagem. Alguma coisa sempre escapa; os cães são uma espécie de ilustração, um exemplo extremo dessa dificuldade, o que os torna ainda mais amáveis.

Seis

Depois há a questão central da relação deles com o tempo. Como os cachorros não vivem tanto quanto nós, parecem percorrer uma curva mais rápida que os humanos, surgindo na vida e desapare-

---

[3] "O amor do que não é." (N. T.)

cendo sob nossos olhos. A vida de um animal para nós é um teatro no qual podemos ver as forças do tempo e da mortalidade representadas numa forma menor que nossos corpos, e mais agilmente. Um Teatro Aurora Boreal?

Comecei a pensar essa questão de modo diferente depois que conheci duas mulheres notáveis da Carolina do Norte, professoras envolvidas na educação de veterinários. Leva muito tempo para formar um veterinário, e depois de quatro anos de biologia e química, dissecação e trabalho de laboratório, os alunos às vezes têm dificuldade para lembrar por que quiseram ser veterinários.

Assim, essas duas instituíram uma maravilhosa modificação no currículo: no quarto ano de aprendizado, os estudantes passam um semestre lendo literatura sobre animais, poemas, contos e novelas centrados nos prazeres e mistérios da relação ser humano-animal. Esse golpe de gênio diz aos estudantes: *Agora que vocês entendem tanto sobre o funcionamento do corpo dos animais, podem entrar em contato com o mundo muito menos quantificável de situações nas quais esse conhecimento é importante.*

Essas mulheres me mostraram algumas diferenças fascinantes entre ser veterinário e ser médico. Médico e paciente formam uma dupla que consideramos privilegiada e inviolável, como advogado e cliente, pecador e confessor; o relacionamento é privado. Mas na medicina veterinária há sempre um terceiro, a pessoa que levou o animal ao veterinário, e esse relacionamento tríplice é a arena complexa em que o veterinário atua, tentando entender as necessidades de seus dois pacientes.

Para complicar as coisas, as pessoas vivem muito tempo, e, é claro, têm muitos médicos no percurso. Os médicos não esperam necessariamente atender seus pacientes até o fim da vida. Mas não é raro um animal ter um único médico, e que esse médico fique com o dono do animal do começo ao fim. O trabalho do veterinário é conduzir a pessoa e o animal ao longo de todo o percurso, e muitas vezes decidir quando esse percurso terminará - algo que os médicos, pelo menos os americanos, são proibidos de fazer com seres humanos.

Dessa forma, ao conhecer um cachorrinho o veterinário está numa posição que é a intensificação de todas as nossas relações com os cães: provavelmente veremos o pequeno se tornar grande, estaremos lá para o florescimento e o fenecimento.

O novo e o vacilante: quinze anos do corpo de Arden coexistem em minha consciência, a começar pelo filhote desajeitado que, pequeno demais para subir as escadas de nossa antiga casa em Vermont, tinha de ser carregado para dormir no velho tapete ao pé da cama, pois desde a primeira noite se recusara a dormir sozinho. Wally achava que um filhote faria barulho e não nos deixaria dormir, por isso o instalamos na cozinha, com um cobertor e um relógio, cujo tique-taque, como havíamos lido, simularia o coração da mãe. Mas Arden não aceitou isso; chorou forte, derrubou a caixa e começou a desmontar a barreira de madeira que havíamos colocado na porta da cozinha; e então ficou no pé da escada, gritando, até que aparecêssemos. Ao chegar lá em cima, ele foi diretamente para o tapete, aninhou-se e não fez mais um ruído pelo resto da noite. Havia chegado exatamente ao lugar onde queria estar.

Na outra ponta desse percurso há aquele corpo lutando novamente com a escada: os quadris fracos, a respiração pesada do focinho grisalho, os passos hesitantes quando a lâmpada do patamar estava apagada, pois não podia enxergar direito com os olhos nebulosos de catarata.

No meio, o jovem adulto esguio, a vagar entre as faias esbranquiçadas no outono de Provincetown, quando as folhas parecem um extravagante desperdício de riquezas, suas grandes patas negras úmidas de orvalho, suas adoráveis narinas trabalhando com força, a cauda esguia de *retriever* empinada. (Sua linhagem foi para sempre um mistério, pois ele foi encontrado vagando como um cachorro qualquer numa fazenda remota na região de Barre, Vermont, e levado ao abrigo de animais com dois ou três meses. Uma mistura de terra-nova com labrador? Ele tinha a cabeça quadrada, a pelagem impermeável e os hábitos de salvamento de um terra-nova, mas era menor e mais ágil, e adorava, como os *retrievers*, apanhar uma bola de tênis, embora seu jogo preferido não fosse apanhar, mas "eu-tenho-e-você-não", que é um esporte terminantemente sem graça para o que não tem.)

Todos esses corpos compõem a percepção que tenho dele; todos me parecem quase fisicamente disponíveis, como se eu pudesse abraçar com a memória qualquer um deles, em qualquer etapa de nossa longa convivência.

As memórias se ligam àquilo que viaja no tempo, por isso, junto das imagens daquele corpo em mutação há outras de casas, cidades, viagens, paixões, erros e delícias. Se eu lembro como era escovar o pêlo de Arden até dar-lhe um brilho lustroso - tentando ser delicado, para que ele fosse paciente com meu trabalho de desemaranhar os nós -, então poderia lembrar qualquer uma das inúmeras vezes que escovei seu pêlo, mas agora estou numa noite no Oeste, numa viagem de carro. Posso ver a cama em que deitamos naquela noite, a colcha verde e roxa, a cabeça de Paul no quarto ao lado, refletida no espelho do banheiro, a neve girando ao redor do motel no Colorado, numa noite de louca tempestade. Saímos da estrada porque as rajadas ficaram tão intensas que não conseguíamos enxergar, e agora o vento passa lentamente sob a porta do quarto, que chacoalha, uiva nas frestas, mas estamos seguros e abrigados para a noite, e eu me dedico a encontrar cada nó naquele pêlo grosso, exceto na cauda, à qual não tenho permissão de acesso.

Lembrar seu corpo é lembrar seu contexto, uma década e meia de contextos, e, emaranhada neles, a presença de dois participantes e testemunhas caninas. A existência deles marca e organiza o tempo; são centros ao redor dos quais a memória se harmoniza.

Sete

Ser uma pessoa é provavelmente uma empreitada muito mais solitária do que ser um cachorro. É claro que muitos cães passam grande parte do tempo na solidão, esperando que alguém entre em casa para que o mundo comece de novo, mas eles vivem num estado de conexão que, ao que parece, nós perdemos, se é que um dia possuímos. É por isso que recorremos a eles, que estão sempre prontos para receber, para unir-se de todo o coração, como muitas vezes não conseguimos? Ser uma pessoa é ser um observador; às vezes até em nossos momentos de grande alegria ou grande dor há uma parte de nós consciente de nosso ser, observando aquele ser. Não acho que os cães tenham essa parte; eles estão sempre presentes, envolvidos no que for, e portanto são uma espécie de cura para nossa grande e prolongada solidão. Uma cura temporária mas real.

Entreato

O cachorro fotografado

As crianças não parecem todas brilhar nas fotografias? As fotos de crianças são mais radiantes que as imagens de nossos seres adultos, porque elas são menos autoconscientes, menos autocontroladas. As fotos de cães também são assim. Os cachorros não vêem a si mesmos de algum ponto externo imaginário; eles não se dividem em sujeito e objeto, mas a câmera pode ficar do lado de fora e vê-los de uma forma que eles nunca se verão.

Alguns anos atrás, tive a sorte de poder entrar nos grandes arquivos do Museu Getty, em Los Angeles. Ele possui muito mais do que os espaços públicos glamourosos mas limitados permitem supor. Graças à enorme generosidade (ou sentimento de culpa) do magnata do petróleo, o Getty tem um dinheiro mais ou menos ilimitado para comprar virtualmente qualquer coisa, e o faz. No arquivo fotográfico há sessenta e cinco mil fotografias, e o curador ficou contente em mostrar as caixas feitas cuidadosamente para impedir a entrada de umidade, com folhas finas de papel livre de ácido entre cada impressão, e me apresentou algumas fotos de cães especialmente interessantes.

Havia uma imagem que Nadar, fotógrafo francês do século XIX, fez de seu animal grisalho, olhando diretamente para a lente, tão matizada e incrivelmente atual quanto suas fotos de Balzac ou Théophile Gautier. Numa cena fantástica de um fotógrafo anônimo alemão, um cachorrão cômico usava óculos de aro de chifre e fumava cachimbo; como conseguiram fazê-lo posar imóvel por tanto tempo, permitindo à lente a exposição necessária?

E lá estava o barão Von Gloeden em Taormina, com a foto de um garoto siciliano nu sombriamente clássico (e não tão disfarçadamente sensual) brincando com um filhote de labrador preto.

Seguindo para o século XX, Lisette Model e Minor White, Paul Strand e Diane Arbus, imagem após imagem de criaturas amadas apreendidas pelo olhar do fotógrafo, seres sem consciência própria a quem foi dada uma espécie de consciência exteriorizada pela presença da lente registradora.

E não apenas sem consciência própria, é claro, mas também portadores de uma relação diferente com o tempo. Esses cães que já partiram olham para nós do presente; são surpreendentes agora, cheios de imediatismo, expectativa e presença. Os anos transcorridos entre seu olhar e o nosso não têm significado para eles.

Também ajuda, é claro, o fato de não usarem roupas. Fotos antigas de pessoas parecem engraçadas ou antiquadas por causa dos trajes; o cachorro permanece tão nu quanto sempre foi, tão simples quanto hoje diante da lente.

Robert Giard, um fotógrafo que se especializou em belos retratos de escritores, escreveu: "A fotografia é a face de nossa mortalidade". Esse retrato do mortal, muito estranhamente, é obtido sem se fazer nada: a fotografia apenas espera, fixa, enquanto o tempo passa ao redor, e sem que se perceba a imagem é agora a face de alguém muito mais velho, e depois de alguém morto. Afastamo-nos cada vez mais do olhar que nos observa fixamente da imagem impressa.

Eu tenho uma foto comprada num antiquário por cinqüenta centavos, um pequeno instantâneo envelhecido, sépia, com a borda branca serrilhada. É uma foto de um airedale *com a cabeça inclinada em alerta para um lado, pronto para brincar. Eu gosto do fato de que alguém viu aquela cara e achou que valia a pena registrá-la; alguém deu forma àquele olhar nessa foto. Esse cachorro – não sei de quem ou quando – não perdeu o significado como acontece com fotos antigas de pessoas; o pequeno* terrier *não se tornou um ninguém, apesar de privado de história e contexto. Isso porque ele sempre foi apenas isto: avidez, vontade de brincar, um rápido prazer em devolver os gestos feitos na sua direção, pura disposição.*

Capítulo 4

Meu primeiro cachorro parecia um ursinho Steiff: pêlo duro como cabelo à escovinha, perninhas valentes, olhos castanhos brilhantes com pupilas muito pretas. Era uma mistura de *collie* com *shepherd*, um filhote pequeno de talvez seis semanas, as costas nas cores caramelo, branco e preto e o nariz preto lustroso. Meu pai o levou para a casa de fazenda grande e velha que alugamos perto de Nashville quando eu tinha cinco ou seis anos. Vivíamos no meio de muitos hectares de pastos para os cavalos do dono da propriedade; perto da casa branca, com varanda à volta, havia velhas construções por onde eu não devia me aventurar, por causa das cobras. Cavalos sem nome vagavam pelo campo e se aproximavam da casa, e um deles deixou meus pais furiosos quando raspou com os dentes a pintura do nosso Chevrolet, sabe-se lá por quê.

Batizei meu cachorrinho de Wally por causa do irmão mais velho do seriado *Leave It to Beaver*[4], fosse porque gostava do nome ou das camisetas brancas e do cabelo preto ondulado do personagem. Do meu cachorro, só me lembro da doença; de repente ele começou a choramingar e a cuspir. Meus pais o levaram para o velho galinheiro. Ele se deitou num tapete de trapos trançados que trouxemos da casa. Essa lembrança é cuidadosamente iluminada, como nosso cérebro faz quando revisita e encena as lembranças mais remotas: apenas o tapete oval no chão de terra do galinheiro de madeira cinza, réstias de luz filtradas pelas tábuas das paredes e meu cachorro enrolado no centro,

[4] Seriado americano do final da década de 1950 e início dos anos 1960. (N. E.)

minha mãe ajoelhada para alimentá-lo com uma colher. Ela havia preparado uma mistura de leite com ovos numa tigela. Quando ele morreu, disseram que foi porque tomou as vacinas cedo demais, era muito jovem. Nós morávamos no campo, e animais morriam o tempo todo, mas parece que fiquei inconsolável; lembro-me de meus pais dizendo: "Mark não devia ter cachorro". De alguma forma devo tê-los preocupado com a intensidade do meu sofrimento, experiência que se repetiu alguns anos depois, quando chorei amargamente ao terminar um livro e meu pai me disse para não ler mais livros.

O filhote preto era grande demais para a gaiola em que fora colocado, e, quando o atendente do abrigo o deixou sair para que nos conhecêssemos, ele imediatamente caiu, então se levantou apressado e correu de volta para dentro. O rapaz, um aluno da faculdade alternativa local, de cabelos compridos e cílios incríveis, tão pretos quanto a pelagem lustrosa do cachorro, pegou-o e o trouxe para fora. "Essa é a única segurança que esse mocinho já teve", ele disse.

Esse é o ponto em que o amor, o verdadeiro início do amor, se esfuma e sai do alcance da linguagem. Eu conseguiria dizer o que o tornou imediatamente querido? Alguma constelação de imagem e gesto, alguma qualidade da alma, algo encantado e prometido. Talvez devêssemos nos alegrar, afinal, com o fato de que a palavra não consiga chegar aonde o coração chega, não completamente. É libertador pensar que sempre há um aspecto de nós que escapa ao alcance da fala, a matéria comum da linguagem. O amor também é comum, absolutamente comum - mas as palavras que temos para ele apenas o indicam; não o descrevem. São indicadores de uma coisa imensa: a palavra "amor" é meramente uma placa que significa algo como: "Caminho da montanha".

Ah, mas agora lembro que esqueci algo: está faltando um cachorro na minha cronologia. Acho que tenho quatro anos e moramos em outra casa grande, no Tennessee, em uma colina com uma ravina funda ao lado, onde fica estacionada a caminhonete de meu pai, perto do talho - um cepo velho e largo –, onde em certos sábados ele mata uma galinha para minha avó depenar e assar para o almoço de domingo. Ainda vejo com nitidez o corpo pálido da galinha deitado numa assadeira oval, esmaltada, preta e salpicada de estrelinhas; como se a galinha estivesse deitada no céu, à meia-noite.

O namorado da minha irmã, que meus pais não apreciam, dá a ela um presente, um *boxer* bonito e agitado cujo nome é Bo (seria mesmo? Faz muito tempo e nunca mais falamos sobre isso). Bo gosta de subir no balanço da varanda e ficar sentado no nosso colo enquanto balançamos ao ar fresco da noite e cantamos hinos religiosos. Certa noite ele salta, sua pata fica presa no espaço entre as tábuas do balanço, e minha mãe tenta soltá-lo, mas ele não entende seu gesto e enfia os dentes no braço dela: uma mordida roxa em forma de meia-lua.

Será no dia seguinte que estamos no carro, nosso velho Studebaker verde, a caminho do campo? Minha irmã e eu no banco de trás, meus pais na frente, não lembro onde está Bo... sentado com a gente, no colo de minha irmã de catorze anos? Então encostamos num lugar, à beira de um campo verde, meu pai abre a porta, tira o cachorro e o coloca no capim ao lado da estrada. Depois vamos embora silenciosamente. A lembrança é apenas um esboço: alguém fala, olhamos para trás?

A placa que meu pai escreveu na atmosfera familiar dizia: "Caminho para longe da montanha".

Como se conta a vida de um filhote? Fazendo xixi dentro de casa, quando estamos ocupados e nos esquecemos de levá-lo para passear na hora, e o xixi amarelo escorre numa linha rápida pelo assoalho inclinado da velha casa. Recebendo elogios por fazer xixi lá fora. Começando a estabelecer uma rotina. Primeiro latido. No meio da noite, inesperadamente, um único uivo de lobo, que nunca se repetiu; decidimos que é um sinal de que um OVNI passou. Primeira amizade com outro cachorro, nesse caso um *pit bull* chamado Shadow, que vive entre nossa casa, a estrada de ferro e o rio. Shadow é uma menina marrom, cabeçuda, que vive solta, sem muita supervisão. Que eu saiba, nunca esteve numa coleira. Ela adora lutar incansavelmente com Arden. Ela modera a força; deita-se ao lado dele na grama e ambos mostram os dentes, então travam as mandíbulas um no outro, rosnam e sacodem as cabeças. Ela vence, muito delicadamente, até que o solta e deixa que ele imobilize sua cabeça por um momento, só para manter as coisas interessantes.

Todos os dias passeamos perto dos trilhos que acompanham o rio: bétulas esguias mordidas por castores, que às vezes batem a cauda na água, grandes garças-azuis pousadas numa pedra em meio à neblina, um grande celeiro vermelho quase desabando, cheio de quê? Estranhas carriolas acionadas à mão que vão e vêm na ferrovia e, de vez em quando, um trem de verdade, uma série de vagões de carga enferrujados, um aceno do maquinista. Fazemos uma nova amiga, Beth, que veste uma jaqueta de couro com longas franjas em qualquer tipo de clima e passeia com dois labradores, Bear e Snowflake, cujos nomes indicam suas cores. Quando Beth é internada para se tratar da dependência de drogas, saímos com os cachorros dela; nós os pegamos no apartamento bagunçado e caminhamos pela margem do rio. É fevereiro, e durante duas semanas a temperatura à noite fica em trinta e quatro graus abaixo de zero, mas Bear e Snowflake estão acostumados a sair antes de dormir, então vestimos várias camadas de roupas e nos arrastamos pela calçada escura até a casa dela. Wally, eu e os três cães seguimos os trilhos do trem, nós cinco em linha reta, sob uma abóbada de estrelas que brilham como lascas de gelo, assim como o gelo sob nossos pés, a neve compactada numa superfície dura e reluzente. Faz tanto frio que, quando o relógio bate onze horas, parece que o ar vai rachar, ou os ossos de nosso rosto. Beth deixou um estoque de copinhos com sorvete de creme no congelador, e é isso o que ela mais espera de nós enquanto não estiver lá, por mais frio que faça: que os cachorros não fiquem sem sua guloseima noturna.

Quando Arden cresce, ele e eu começamos a passear até a cidade no caminho inverso, seguindo a ferrovia; depois andamos pelas calçadas agitadas (para Vermont) até a videolocadora, o banco, a livraria. Um dia, Shadow está no terreno baldio onde mora, pronta para brincar. Ela acompanha nossa caminhada, saltando com Arden ou comigo, divertindo-se, e, quando chegamos ao cruzamento da Main, ao lado da ponte de pista dupla, eu lhe digo para voltar para casa, mas ela me ignora. Eu aponto, gesticulo, tento falar firme. Ela senta-se e parece que considera a hipótese de me obedecer.

Arden e eu seguimos em direção à cidade, e só quando chegamos à papelaria, cujas vitrines Wally decorou com constelações de blocos de papel, canetas e suprimentos de escritório, provavelmente a decoração mais sem graça que se possa imaginar, viro-me e percebo que Shadow está logo atrás. Por que não dei meia-volta e fui para casa nesse momento não me lembro, mas tinha passado meia hora andando até a cidade, portanto devia estar decidido a comprar alguma coisa. Enrolo a trela de Arden num parquímetro e entro na loja de alimentos naturais; vou demorar só um minuto, mas, quando estou na fila para pagar a compra, vejo uma mancha imprecisa passar correndo pelos meus pés, e essa mesma força selvagem dispara pelos corredores, misturando-se às pernas das pessoas, provavelmente derrubando um barril de uvas-passas ou cereais no caminho.

Desde que dou aulas na faculdade alternativa, que me consome um tempo absurdo, Wally e Arden passam muito tempo juntos, sem mim. Ele fica em casa fazendo enfeites para as vitrines das lojas que decora em Burlington e Glenns Falls, experimentando idéias. Por isso os dois estão sempre juntos, e Arden recebe tanta atenção que sua personalidade incipiente desabrocha.

Os cães parecem nascer com um temperamento próprio, como as crianças. As forças turbulentas do ambiente deixam suas marcas na página em branco de uma nova personalidade, mas qualquer pessoa que tem filhos, foi professor de pré-escola ou adotou um cachorrinho sabe do que estou falando: há um selo de personalidade própria que é plenamente evidente desde o início. Arden veio com uma disposição meditativa, observadora, uma maneira de olhar pensativa que comunicava um modo de ser reflexivo, um desejo absoluto de agradar e mostrar que é claro que sabia a maneira certa de se comportar.

Eu também não gosto de conferir características humanas aos animais; há algo depreciativo num cão de óculos escuros, algo vergonhoso em um coelho com chapéu de palha. Esses gestos desbotam a personalidade do outro; eles presumem conhecimento onde tal coisa não é totalmente possível, ou pelo menos não facilmente conquistada.

Mas seríamos igualmente simplistas se nos recusássemos a admitir as complexidades da consciência animal. Quem já não observou um cachorro sendo simulado, ou acionando seu charme, ou lambendo os lábios de ansiedade, ou derretendo-se em total felicidade? E que vocabulário temos para a vida do sentimento senão o nosso próprio? Estou disposto a admitir que as emoções caninas não são iguais às nossas, mas estou absolutamente convencido de que o que eles sentem é emoção, e que alguns termos que usaríamos para descrever uma personalidade humana (observador, meditativo, desejoso) são os melhores para nos referirmos à vida interior, não totalmente perscrutável, dos cães. (Tolstói, o mestre da onisciência, parecia concordar: há um momento maravilhoso em *Ana Karênina* em que o cão de caça de Liévin, Laska, se desespera porque o dono perde tempo conversando com outro caçador, o príncipe Oblonski, e então aparece um pica-pau: "Laska, com as orelhas de pé, ficou olhando para o céu e para eles, censurando-os. 'Encontraram uma boa hora para conversar!', ela pensa. 'E lá vem um... Lá está. E eles vão perdê-lo...'"

Quando Arden tinha seis meses, nós o levamos a um passeio de bicicleta pelo bosque até um poço num pequeno rio atrás da faculdade onde eu ensinava. Como sempre, não havia nenhum som ao redor, e estávamos felizes nos banhando nus na água, até a cintura, e pensando se Arden tentaria nadar. Até então ele apenas ficara na margem de todos os riachos, olhando com o mesmo grau de curiosidade e dúvida. Decidi flutuar de costas, o sol delicioso do breve verão de Vermont, a água fria em volta das minhas orelhas, quando de repente ouço um rebuliço e vejo um cachorrinho na água, com a mandíbula delicadamente presa em meu ombro, resgatando-me, puxando-me por um metro até a margem! Como entender esse ato? O instinto triunfa sobre o medo, a tradição ancestral do salvamento marítimo escrito nos genes? Um senso de responsabilidade?

Há algo revigorante nessas virtudes ao lado do que poderia ser considerado seu oposto: um veio insistente de independência, uma firme noção de território. Quando Arden sofre um feio corte na pata, ao pular num pântano na mata e pisar num caco de vidro – ou numa lata enferrujada? –, corremos para a veterinária, pois um corte na almofada da pata faz sangrar muito, e ele é imediatamente examinado, conosco ao lado. Mas não temos permissão para ficar na sala durante a sutura, e, quando a veterinária aparece e nos diz que Arden está bem, perguntamos: "Como ele se comportou?".

"Muito bem", ela diz. "Tentou me morder enquanto eu dava os pontos."

Parece tão fora de propósito que custo a acreditar.

"Ele tentou mordê-la?"

Ela faz uma pequena pausa.

"Sim", responde, "ele não está acima dessas coisas."

Arden tem de usar no pescoço um daqueles protetores de plástico que parecem um abajur, para impedir que arranque os pontos com os dentes. Ou ele sabe que está ridículo ou odeia a limitação causada pelo colarinho. Fica profundamente indignado. Ergue-se nas patas, com a cabeça virada para o chão, de modo que o abajur pousa nas tábuas pintadas do assoalho, a própria imagem da melancolia canina. Nós cedemos, retiramos o abajur e afastamos sua cabeça da pata traseira quando a vemos virar naquela direção. Então, decidindo confiar nele, saímos por quinze minutos para tomar um café ou dar uma passada na videolocadora, e, quando voltamos, ele está deitado no sofá com os pontos pretos arrancados e o corte sangrando.

De volta à veterinária, que desta vez o seda totalmente antes de se aproximar da pata.

Assim começa uma longa história entre Arden e os veterinários, que nunca parecem ter permissão para ver seu lado encantador; no consultório ele fica nervoso, desesperado e na defensiva. Os veterinários gostam de lhe oferecer uma guloseima, uma vitamina com sabor de fígado ou um pequeno biscoito; Arden os aceita, de olho no veterinário e em mim, e então delicadamente os cospe.

Um canil que visitamos parece uma cadeia para animais de estimação, com piso de concreto, fortes luzes fluorescentes e horríveis portas metálicas que batem e ecoam pelas paredes de metal. A busca de um canil aceitável não é fácil, mas precisamos passar uma semana fora de casa. Um amigo da faculdade recomenda o de Arlene, que fica ao fim de uma estrada de terra, num morro atrás da faculdade, uma área de *trailers* e casinhas pré-fabricadas. Meu colega diz: "Talvez não seja o que vocês estão habituados a ter". Telefonamos e vamos fazer uma visita. Arlene é uma mulher ampla de vestido florido, que parece ter certa dificuldade para ficar em pé; ela diz: "Minha perna está me incomodando, mas o Júnior pode levá-los para ver o canil".

Júnior é um sujeito robusto, braços e pernas do mesmo tamanho, e sua cabeça parece feita de material idêntico, como se ele fosse feito de tubos de argila todos extraídos do mesmo cano. Caminhamos pelas manchas de lama e grama rala nos fundos, até uma série de cercados de arame farpado, sem teto, cada um com uma casinha de madeira. Um dos cercados tem várias casinholas, para os mais sociais. Parece a versão canina de uma cidade num filme de John Waters, mas tentamos lembrar que o que buscamos num canil provavelmente são coisas que não agradariam a um cão, e Júnior parece carinhoso com os animais, as criaturas que sacodem os traseiros nos cercados estão completamente bem.

Quando Arden chega, parece achar o lugar delicioso. Corre até a beira das gaiolas e cumprimenta os moradores: muito abanar de rabos, farejadas, pequenos latidos amistosos. Estamos terrivelmente nervosos pelo fato de deixá-lo ali – de repente me sinto muito *gay* e muito classe-média, mas ele não dá sinais de estar incomodado, e nos esforçamos para não olhar muito para trás quando nos afastamos, deixando-o absorto em sua nova vida social no grande canil úmido.

É claro que ligamos para Arlene de San Francisco alguns dias depois. Ela é tão lacônica quanto poderia ser uma velha habitante de Vermont. "Ele está bem", diz.

O que eu quero, naturalmente, são alguns detalhes, mas não sei bem como lhe perguntar.

"Então, ele está bem?"

"Ele vai bem."

Eu insisto: "Ele está se adaptando bem?".

Pausa. Arlene chama: "Júnior!". Outra pausa, ruído indefinido, o telefone cai ou bate em algo, palavras abafadas, e então: "Como está aquele novo cachorro preto?".

Palavra abafada. Ela volta ao telefone: "Júnior disse que ele está bem".

Não tenho alternativa senão acreditar, mas também não consigo deixar de imaginar Arlene revirando os olhos.

Finalmente voltamos e vamos diretamente do aeroporto para a estrada poeirenta da casa de Arlene. O ruído do nosso carro desperta Júnior, que aparece e nos leva para os fundos; Arden está sozinho no grande cercado, e todos os outros cachorros parecem ter ido para casa. Ele sai da casinha num salto, e quando Júnior abre a porta do cercado ele se atira no ar, vergando o corpo como um peixe, a própria imagem da alegria. Júnior apanha o cobertor que deixamos com ele, que parece muito úmido, assim como Arden. Olho para trás e vejo que a casinhola tem um grande buraco no telhado. Arden passou a semana toda dormindo sob a chuva!

Mas na verdade ele não parece em pior estado, talvez esteja até revigorado pela experiência, tão feliz e ávido quanto sempre foi. Mas nós nunca mais voltamos ao canil de Arlene.

Quinze anos depois Paul e eu levamos Arden, nos fins de semana de outono, para a casinha de praia dos pais de Paul, em Jersey. Quando saímos da Garden State Parkway, Arden fica sentado no porta-malas da *station wagon*, excitado, a cabeça encostada no vidro, as narinas pulsando no ar salgado.

Na casa ele parece estar no paraíso; há um pequeno jardim gramado que dá para uma lagoa, um mundo de coisas para observar. A felicidade de Arden é ficar deitado na relva, olhando, alerta, para as gaivotas e as garças, os barcos que passam, as ondulações da água. Do outro lado do canal estão construindo condomínios no meio dos pântanos, então de vez em quando há um caminhão ou uma escavadeira derrubando caniços. Ele quase não precisa andar se não quiser - é difícil para ele neste momento -, e todo um mundo novo parece se oferecer à sua inspeção. Às vezes ele adormece na grama, e dali a pouco acorda e observa de novo.

Arden gosta tanto daquela situação que à noite não quer entrar, e nós o deixamos ficar ali, dormindo ao anoitecer. Não temos coragem de acordá-lo e levá-lo para dentro, mas às três da manhã somos despertados por um forte raio e depois um temporal, que parecia granizo contra o telhado. De repente, desperto o suficiente para lembrar: *Meu Deus, ele deve estar péssimo!* Visto um short e saio para a tempestade, mas o encontro dormindo tão profundamente que parece afundar na terra. Está ensopado. Chamo seu nome... nada. Eu o afago, sem resposta. Agora também estou ensopado. Coloco as mãos sobre as costelas dele para verificar se está respirando, e está, mas foi tão longe na felicidade de dormir na grama ao lado da lagoa escura que não consigo despertá-lo. E esse cachorro nem sequer gostava de passear na chuva!

Mas dali a alguns minutos, depois que eu desisto e corro de volta à casa para me enrolar numa toalha e sacudir-me para retirar a água, como se eu fosse um grande cachorro empapado, ele volta à consciência, acorda o suficiente para se arrastar até a porta e ser secado com uma toalha. Agora, enquanto me debruço sobre o corpo preto absolutamente imóvel e brilhante sob os relâmpagos, de repente ele me parece a imagem do rei Lear, o velho louco no pântano, caído, intensamente vulnerável, a própria imagem de nosso envelhecimento, indefeso na tempestade. E eu sou o Louco preocupado, tentando reerguer o frágil e trágico rei.

Mas talvez eu esteja dramatizando, como costumo fazer. *(Mark não devia ter cachorro...)* Eu também poderia ter entendido seu sono profundo sob a chuva como uma lembrança do canil de Arlene, de noites deliciosas da juventude em um campo perfumado, em boa companhia, onde a chuva devia levar aos animais adormecidos suas novas fragrâncias.

Entreato

Cheiro de chuva no campo

Chuva na madeira velha das casas de cachorro, chuva nos lugares onde dezenas de cães dormiram ou urinaram, chuva contra as flores no campo, cada uma com seu odor definido, intensificando as folhas perfumadas. É desconcertante pensar naquele universo de cheiros particulares, em todas aquelas fragrâncias subindo juntas – que experiência abrangente, rica em informações!

Virginia Woolf considera esse problema em sua biografia de Flush, o cocker spaniel *que viajou com Elizabeth Barrett Browning dos salões da privilegiada Rua Wimpole, em Londres, para a liberdade arejada de* villas *alugadas em Pisa e Florença. Ela cita o reino dos odores como um mundo de percepção quase fechado para nós, mas aberto para as narinas de um cão em abundância quase inimaginável.*

"Quando duas ou três mil palavras são insuficientes para o que vemos", ela escreve, "não há mais que duas palavras e talvez meia para o que cheiramos. O nariz humano praticamente inexiste. Os maiores poetas do mundo não cheiraram nada além de rosas, de um lado, e esterco, do outro. As infinitas gradações entre eles não foram registradas. Mas era no mundo do olfato que Flush vivia. O amor era principalmente olfato; a forma e a cor eram olfato; a música e a arquitetura, a lei, a política e a ciência eram olfato. Para ele, mesmo a própria religião era olfato. Descrever sua mais simples experiência com o osso ou o biscoito diários está fora de nosso alcance. Nem mesmo o senhor Swinburne poderia ter dito o que o odor da Rua Wimpole significava para Flush numa tarde quente do mês de junho. Quanto a descrever o cheiro de um spaniel *misturado ao odor de tochas, louro, incenso, bandeiras, velas de cera e uma guirlanda de folhas de rosei-*

ra esmagadas por um salto de cetim que foi posto em cânfora, talvez William Shakespeare, se tivesse parado no meio da redação de Antônio e Cleópatra..."

Mas Shakespeare não parou.

Capítulo 5

Final de primavera, dia feio, de nuvens altas, estou parado na porta da academia em Provincetown, olhando para um canteiro de tulipas roxas. O exterior das pétalas é quase preto, com o tipo de brilho que têm as penas, ou as ameixas. Algumas pétalas já caíram, e, embora o sol da tarde esteja no ângulo exato para iluminar por dentro as restantes, um vento se aproxima, trazendo nuvens mais escuras. Eu penso: *É isso, elas não vão sobreviver muito mais, este é o momento de sua glória, essa vibração... exatamente agora...*

E então penso: *Ora, pelo amor de Deus!*

Dramatizar, eu? Só um pouquinho. Não estou dizendo que exiba uma superfície excessivamente emotiva, não falo desse tipo de drama. Mas sou dado a interpretações e a ler o momento como um sinal cósmico, rapidamente transformando tudo em metáforas. Minha amiga Jo-Ann diz que olha para seus textos com "óculos cor de merda". Eu não diria que uso desses, mas tenho consciência de que tendo a olhar o mundo através de um vidro tingido pela consciência da mortalidade, como aquelas janelas verdes de ônibus que embaçam a vista a ponto de às vezes não conseguirmos saber que horas são. Afinal, eu cresci com cristãos apocalípticos que acreditavam que o fim estava próximo e que este mundo fenomenal era um mero véu que logo seria rasgado. Essa é uma ótima educação para um poeta lírico preocupado com a evanescência.

É claro que é um dom saber que as coisas têm limite; é claro que é a sombra que cria a tridimensionalidade. Mas eu me fixo no tom mais sombrio, e às vezes acho que o único tipo de beleza que consigo ver é aquele à beira do colapso. É esse o único tipo de encanto que há?

E aqui Mr. Beau agarra a luva de minha narrativa.

(Não lembro exatamente quando Paul e eu começamos a chamá-lo de Mr. Beau. Nunca falamos de fato sobre isso; parecia ter algo a ver com a surpreendente maturidade e dignidade que ele atingiu, na metade da vida, depois de ter sido o *retriever* mais desajeitado e bagunceiro da história. Tanto que, na primeira vez em que vi uma pessoa cega sendo conduzida por um *golden*, pensei: *Boa sorte*. Somente alguns anos depois percebi sua capacidade de constante atenção, e até a sua nobreza.)

Ô, ele diz, *chega!*

Ele gosta de histórias que seguem animadamente; gosta de uma sacudidela no conto. Certamente sua história passava por trechos de escuridão. Quando o adotei, ele era uma coisinha desprezada, mas seu coração era capaz de voar. Eu invoco seu espírito quando as coisas ficam arrastadas, quando sinto o relógio interno se aproximar do que Dickinson chamou de "hora de chumbo". Atenção para o sombreamento mortal de toda a beleza; essa é uma perspectiva que me ocorre com demasiada facilidade, algo a que preciso resistir. E foi por isso que gostei daquela pata dourada e pesada no meu joelho – *repare em mim, volte aqui*. Uma espécie de tapa, com as pontas rombudas de suas unhas apontando para mim. Um tapa de que hoje sinto muita saudade. Mas eu interiorizo; tento dar tapas em mim mesmo, livrar-me do excesso de tons sombrios; preciso de sua animação para contar sua história.

O diagnóstico de aids para Wally – bem, ARC naquele tempo – nos leva a pensar novamente em morar em Vermont, nas opções que fizemos.

Arden não poderia saber o que nos impeliu a Provincetown; os acontecimentos que moldam a vida dos cachorros giram acima de sua cabeça, enquanto eles sentam, ou ficam em pé, ou deitam no chão, olhando para nós. Ele deve ter percebido nossa ansiedade e nosso alívio, e depois nossa intensa concentração: muita triagem de coisas e vendas, muitas coisas desmontadas em casa e, de repente, chega setembro e estamos morando - será possível? - num chalé alugado numa faixa de praia no estreito pedaço de terra que mais avança pelo Atlântico. Na verdade, nossa casa é uma das últimas na extremidade de Cape Cod; depois de nós há mais alguns chalés, um motel estranhamente deslocado, com um aspecto colonial dos anos 1960, no lugar mais espetacular, e depois disso quilômetros de pântano salgado e dunas onde o promontório se espirala até a última curva estreita no farol de Long Point.

Para nós, nossa nova casa já era um farol: uma cidade onde nossa presença como casal era ao mesmo tempo bem-vinda e normal, uma comunidade onde o diagnóstico de HIV de Wally não era raro. Tínhamos companhia em nossa incerteza. Não ficaríamos sozinhos com ela se acontecessem as coisas que temíamos, quem sabe como ou quando.

O novo mundo de Arden não poderia ser mais maravilhoso: planícies de sal que se estendiam por quilômetros quando a maré baixava, e a grande área de exploração da baía. O prazer de simplesmente sentar-se numa duna baixa perto da casinha, ao lado de um catamarã encalhado cujo cordame silvava a qualquer vento. De lá, qualquer pessoa ou cão que se aproximasse podia ser avistado com tempo, avaliado, recebido.

Um cachorro que aparece diariamente é Kringle, um bassê surpreendentemente valentão do restaurante vizinho; ele passa e bate a cabeça na porta de tela para chamar Arden, e os dois rumam para a praia em frente à Estalagem Vermelha, onde rolam na areia, rosnando felizes, mostrando os dentes um ao outro - uma disputa entre dois de tamanho muito diferente, que é mantida incessantemente porque Arden não quer que acabe.

Depois há as longas caminhadas: à cidade, pela praia, atrás das casas, galgando os quebra-mares de pedra, farejando todo tipo de vida marinha que existe na areia, no torvelinho social da cidade (essa parte não é a favorita de Arden; ele prefere a que antecede a chegada). Na outra direção, no rumo da grande praia de mar aberto, não há chegada, apenas os caminhos entre arbustos de ameixa-da-praia e densas moitas de rosas selvagens, capim em movimentos incessantes nas dunas de frente para o mar. O mar! Parece absurdo ter só uma palavra para ele, já que nunca, desde que me entendo por gente, houve dois dias sequer em que ele fosse remotamente semelhante. Um imenso contínuo de cores; em uma ponta, a água realmente preta ou cor de aço escovado; na outra, uma pedra preciosa transparente que Marianne Moore chamou de "cor de jade-banha-de-carneiro", um vasto ondular verde-claro e gelatinoso.

Nesse paraíso para cães há uma tarde e uma noite de terror. Wally e Arden atravessam o gramado do motel, uma faixa verde separada da rua por uma cerca viva espessa. Como estão quase em casa, Arden está solto, seguindo para nossa porta, quando um coelho dispara em direção à cerca. Nosso intrépido caçador dispara atrás dele, passa pela cerca densa e chega à estrada. Antes que Wally consiga ver por onde precisa correr para achar uma abertura na cerca, ele ouve o guincho dos freios, o atordoante baque de um corpo no metal, o som inconfundível que algo mole, algo com pulmões, faz quando é atingido por uma coisa dura.

Wally corre em pânico, sem fôlego; o carro que atingiu Arden pára, os dois homens em seu interior estão chocados, mas Arden não está à vista. Os rapazes dizem que ele saiu correndo na direção de onde vinha o carro, no sentido da cidade; pode realmente estar ferido se é uma mancha preta correndo na contramão? Wally corre atrás, pergunta a todos na rua se o viram, e alguém diz que de fato viu um cachorro preto correndo pela Rua Franklin; graças a Deus ele não está indo para o centro, mas subindo em direção às dunas? Só que teria de atravessar as ruas mais movimentadas da cidade para chegar lá.

Nós andamos, pedalamos e dirigimos lentamente pelas ruas estreitas, chamando sem parar, falando com todos os que encontramos, perguntando se o viram. Rapidamente fazemos cartazes ("RETRIEVER PRETO DE PÊLO LONGO, ATENDE POR ARDEN, PODE ESTAR FERIDO") com nosso telefone e uma descrição rápida do que aconteceu, para atrair a atenção das pessoas; providenciamos cópias e as colocamos em toda parte: no quadro de avisos do supermercado, no poste em frente ao cinema, no correio. Vamos aos seus lugares preferidos: praias, dunas, matas. Nada. Chega a noite e tudo o que podemos esperar é que ele esteja escondido em algum lugar, em choque, sentindo-se traído pelo mundo. Continuamos dizendo que provavelmente ele não está machucado, já que conseguiu correr, mas quem sabe como está realmente? Nessa noite há na voz de Wally uma espécie de desolação que nunca escutei, quando ele se vira da janela e me pergunta: "Onde ele está?".

Um sono terrível, entrecortado (é isso que Arden também está experimentando, onde quer que esteja?), e então, quando estamos prestes a sair de manhã para continuar a busca, o telefone toca. Uns homens de Boston, que vieram passar o fim de semana, estão na frente do banco, na extremidade da cidade, quando um cachorro preto, parecendo um pouco atordoado, vem andando pela calçada, hesitante, mas seguindo para oeste, na direção de casa. Eles viram nosso cartaz na frente do cinema minutos antes e o comentaram. Então andam na direção do cachorro e chamam: "Arden?".

O homem no telefone diz que Arden parou, balançou a cabeça como se apurasse os ouvidos, olhou diretamente para o que o chamou e abanou a cauda. É o nome que parece reconectá-lo ao mundo humano, o nome que o traz de volta para casa.

Entreato

Os cães e seus nomes

Os cães não têm poder sobre seu nome, mas o nome tem poder sobre os cães.

Quando dizemos "sentado" ou "pega", queremos dizer somente uma coisa, mas quando chamamos "Scout!" ou "Ollie!" enviamos um sinal mais ambíguo. É uma operação lingüística mais complexa, se você pensar: um signo que deve ser entendido apenas como um marcador, um chamado para atender a uma situação cujo conteúdo exato não pode ser indicado numa única palavra. Quando aqueles ouvidos sensíveis se aguçam para o nome, o significado é "olhe para cá, venha, pare o que está fazendo, escute!". O nome falado nem sempre significa a mesma coisa, e sempre que é dito deve ser considerado no contexto para determinar o que indica dessa vez.

Um cachorro que não sabe seu nome está em má situação. O reconhecimento do nome é o sinal da ligação, o termo que denota o contrato. Os cães mais tristes no abrigo são os que não têm nome – ninguém se importou de abandoná-los adequadamente. Simplesmente foram abandonados; sem nome, eles não têm a assinatura do cuidado humano. Aquele boxer *que meu pai soltou no mundo, tantos anos atrás, deixou de ser Bo no instante em que o carro foi embora.*

Benny, Bruno, Coco, Colby, Cowboy, Delta, Diva, Hammer, Jake, Joey, Lola, Luke, Mabel, Maggie, Martin, Mickey Two, Molly, Patou, River, Shadow, Sphinx, Taffy, Willow, Zoey.

Os nomes têm o poder de moldar a personalidade ou a identidade de um cachorro? Certamente eles modificam nossas percepções. Os pais consideram com atenção possíveis nomes para os bebês antes de eles nascerem, e manuais oferecem (e às vezes avaliam) as alternativas. Blake, Madison, Britney? Não este ano. Batize sua filha, digamos, de Cassandra ou Constance, chame seu filho de Butch ou Carlton: o que estará dizendo sobre o futuro dessa criança? Os nomes criam expectativas, levantam premissas sobre a personalidade; eles têm coisas a nos dizer sobre classe, lealdades, gênero, comportamento.

Os cães, é claro, ganham nomes depois de nascerem, geralmente semanas depois. Assim, o ato da nomeação envolve não apenas uma declaração do dono sobre si mesmo (como ele será visto ao chamar o cão num parque?), mas também um julgamento de valor: o nome precisa se encaixar, adequar-se ao novo ser, que definitivamente já não é Clark ou Pierre, que poderia ser Willy ou Savoy.

Mas os nomes são proféticos, além de descritivos. Se você pensa num cão como, digamos, Macha, se você o chama assim, não está moldando sua personalidade nessa direção, já que os cães são ótimos leitores de nossas expectativas? A Macha que conheci era exatamente isso, uma doberman *rija e atlética que corria pelos parques de Iowa City como se a casa estivesse em chamas; ela saltava da caminhonete e mergulhava no bando que se reunia no parque todas as tardes. O mais forte labrador amarelo que conheci chamava-se Mike, e seu dono costumava chamá-lo nos morros de Salt Lake City com um inconfundível sotaque de Filadélfia: "Mike!". Com sua sílaba final pesada, esse nome soava insistentemente atlético. Dois velhos que se vestiam de couro e tinham um antiquário no cabo mantinham seu pequinês entronizado numa cadeira em frente à loja, com laços na cabeça: Princess. Esses nomes atribuem uma personalidade, definem uma identidade. Minha amiga Cathy chamou seu arruaceiro cão-lobo do Texas de Lovey, num rico contraste com sua aparência, uma correção.*

Seabiscuit, Pax, Mrs. Simpson, Mowgli, Lucky, Flute.

O edifício de gênero que construímos em torno dos cães através dos nomes é, na verdade, muito vasto e ridículo para ser analisado. E arrasta consigo um medo da união com o mesmo sexo que seria cômico se não fosse com freqüência um grande problema para os que o condenam. Se um cão macho cheira o traseiro de outro, isso não tem nada a ver com o que os seres humanos querem dizer quando fazem o mesmo. Os cães devem simplesmente adicionar as proibições que impomos à vasta categoria de ações humanas imperscrutáveis.

Apelidos de Arden: Tiny, Fatty Lump, Lumpy, Mister, Ardenoid, Missy, Li'l P, Beyoncé, Everlasting Beyoncé. Ele atende a algum deles? Bem, tudo depende do contexto; ele gosta que falem com ele, e o conteúdo exato da besteira que brota sobre sua linda cabeça geralmente não parece importar.

Sphynx, o cachorro que mora no andar embaixo do nosso, na cidade, é totalmente surdo, pelo que posso perceber. Acho que também não enxerga muito bem. As vezes em que o levamos para passear, quando seus donos viajam, o que ele mais gosta é seguir pela rua em sua direção preferida e cheirar as grades de ferro em torno das árvores. Ele o faz lentamente, e pode insistir nisso por muito tempo. Quando dizemos seu nome, ele não escuta. Abaixamo-nos, falamos com ele e o abraçamos, e percebo que ele gosta disso, pois arfa um pouco, levanta a cabeça para nós, talvez sentindo as vibrações conhecidas que o fazem lembrar o som de seu nome.

Capítulo 6

Nossa nova casa, a um quarteirão do porto, numa rua estreita e curva, é nova para nós, mas na verdade muito antiga. Ela abrigou duzentos anos de moradores, dos quais somente de alguns saberemos alguma coisa: um baleeiro português; uma família com onze filhos, um dos quais tornou-se a enfermeira da cidade; um grupo coral de lésbicas chamado Dyketones. Para Arden, a casa oferece coisas especialmente interessantes: o odor antigo das vigas de pinho que descobrimos, o aroma de camundongo e cedro do sótão, os espaços aparentemente vazios para os quais os cães às vezes olham de forma abstraída, como se uma janela na atmosfera do quarto se abrisse para outros quartos, o mundo dos fantasmas e presença humana acumulada, que dá ao ar de uma casa antiga um certo peso, uma sensação não desagradável de longa habitação no tempo.

Descendo o quarteirão, diante da baía, os cachorros da cidade se reúnem de manhã e perto do anoitecer, uma matilha de animais saltitantes e ágeis e pessoas sonolentas ou sociáveis com trelas ao redor da cintura. Em certa manhã fria e enevoada, Arden saúda uma mulher que corre na praia com um grosso abrigo com capuz. Quando ela se inclina para falar com ele, Arden fica tão interessado que agarra o capuz azul-escuro com os dentes e simplesmente derruba a mulher na areia, começando uma luta que ela, rindo, claramente aprecia. Por sorte! É assim que Arden se torna amigo de Mary Oliver, uma poetisa cuja afeição pela espécie canina é ilimitada.

E há um jardim, logo depois cercado, com grama suficiente para rolar após a detestada indignidade de um banho (necessário com certa freqüência, já que gambás espreitam na escuridão sob as varandas e à sombra espessa das rosas selvagens). O jardim permite o estudo prolongado das aves, que se aninham nos beirais onde as calhas se curvam e fornecem um suporte para construir ninhos. Ficar sentado ali, ou deitado, olhando para a rua, parece uma fonte de grande prazer, e quando o sol esquenta há um denso arbusto de forsítia através do qual um focinho preto, já mostrando alguns salpicos brancos, às vezes brota das sombras.

Como um cão vive o declínio de uma pessoa amada?

Os passeios com Wally são mais curtos, e depois menos freqüentes. Um dia ele está simplesmente cansado demais para sair, e Arden e eu vamos sozinhos para as dunas, na primavera, uma neblina rala escondendo as novas poças verdes acobreadas que a maré deixou perto do pântano. Avisto um homem a distância, caminhando em nossa direção, descendo a encosta ao lado da estrada. Aquela jaqueta verde familiar... não é Wally vindo juntar-se a nós? Meu coração acelera ainda mais do que eu esperava, e então se encolhe imediatamente quando vejo que não é ele. Eu não sabia, até aquele momento, que ele não sairia mais conosco.

Ele passa mais tempo descansando, aconchegado no tapete junto ao sofá. O sofá torna-se o lugar em que Wally vive a maior parte do tempo. Arden sai comigo algumas vezes por dia, passeia no jardim, mas fica principalmente deitado na casa aquecida; as vozes da TV e do rádio formam uma atmosfera de comunidade humana. As costas de Wally engrossam, a curva do peito largo até o quadril não é mais o arco que se estreitava. Depois de algum tempo o sofá é retirado da sala e substituído por nossa cama, que vem lá de cima; Wally não se sente mais seguro na escada. A cama ocupa quase toda a sala, uma grande ilha de flanela, e Arden quase sempre se encontra enrolado no meu lado do grande quadrado, fazendo companhia a Wally, vigiando. Quando Wally não consegue mais sair de casa, sua terapeuta passa a visitá-lo uma vez por semana; ela diz que Arden é o guardião de Wally, um conselheiro animal, que observa silenciosa e minuciosamente, considerando tudo o que vem e vai. Ele seria o anjo da guarda, se houvesse algum meio de proteger alguém dessa coisa invisível e desconhecida.

Que é uma infecção viral: algum bichinho quase vivo que todos carregamos no fígado cruza a barreira para o cérebro. Primeiro, o cansaço; depois, uma perda da perspectiva visual, por isso a escada torna-se ameaçadoramente estranha; depois, mais cansaço; então as pernas parecem não funcionar direito, e um dia simplesmente não funcionam mais.

Uma procissão de gente na casa, assistentes de saúde em domicílio, enfermeiras, ajudantes voluntários, assistente social, terapeuta ocupacional, os quais o guardião deve considerar, avaliar, admitir. Ele tolera tudo, exceto ser convidado a sair da cama. Se um assistente quer dar um banho, ou se a enfermeira quer dar uma injeção ou fazer um exame e prefere não ter uma testemunha canina, recebe um rosnado, um olhar bravo; e, quando a objeção é vencida, um suspiro aborrecido, um esgueirar para a sala ao lado, mas só por um instante. Talvez ele não seja tanto o guardião, mas aquele que já sente a perda; ele é muito ligado a Wally, que esteve ao seu lado toda a vida. Eu amei muito a Arden, mas Wally era mais disponível, Wally foi seu ponto de referência. E agora ele quase não está mais lá, afunda progressivamente no sonho quente e imóvel da cama.

O que ocupa o cérebro de Wally pode tê-lo paralisado da cintura para baixo, mas não prejudicou seu apetite, que até aumentou: um desejo de gorduras e sal. A assistente de saúde faz cafés-da-manhã copiosos, fritando grande quantidade de *bacon*; só depois de algum tempo descobrimos que pelo menos a metade das tiras de toucinho vão direto para a boca agradecida do *retriever* atento, que engorda conforme os dias do inverno definham.

Eu caminhava pela fileira única de gaiolas – cães de todos os tipos e cores, orelhas e rabos vinham me olhar, latiam um pouco ou recuavam, espiando-me para ver quais eram minhas intenções – quando cheguei a um cercado no meio do cômodo, onde um *golden retriever* muito magro e tranqüilo, sentado qual uma esfinge, olhava-me serenamente. Ele me avistou e começou a bater a cauda cor de mel no piso de concreto, num gesto que eu não sabia que passaria a amar, uma saudação que podia ser provocada só de olhar para ele e enviar-lhe o equivalente psíquico de "Olá". Aquele batuque sempre me pareceu a versão física de uma risada, um pouco sem graça, um pouco boba, totalmente deliciosa.

Mas quem era ele? Se fosse um *golden*, era o mais magro que eu já tinha visto, com a cabeça muito estreita e o peito tão fino que o osso do centro se projetava agudo, como a proa de um barco louro e afilado, e sua cintura era ainda mais estreita. A etiqueta na gaiola dizia: "BEAUCEPHUS, MEIO SALUKI? MESTIÇO, TRÊS ANOS, DEMAIS PARA O DONO".

Que nome horrível!

Saluki? Uma raça muito rara do norte da África, uma espécie de cruzamento elegante e etéreo entre um *greyhound* e um delicado rato amarelo.

Três? Demais? Bem, se fosse adulto, era um sujeito compridão, cheio de ossos pontudos, e se aquilo era "demais" não posso imaginar o que seria a calma. Ajoelhei-me e ele se levantou e veio até a porta da gaiola, aproximando sua face da minha, então mostrou uma língua comprida manchada de pintas roxas, como se tivesse comido amoras. Ele deitou novamente e me olhou com o que só posso descrever como total abertura, como se cada coisa nova que chamasse sua atenção fosse recebida com a mesma equanimidade alegre, um olhar curioso e amável. Ele estendeu uma pata na minha direção. Meu corpo - o coração, a cabeça impulsiva? - disse "sim".

O que fazia eu no abrigo de animais, pensando em adotar um cachorro num momento como aquele? Eu não tinha planejado isso. Tínhamos sabido por um amigo comum que uns caras na cidade estavam enfrentando crises parecidas com as nossas e não podiam mais ficar com seu *cocker spaniel*. Isso foi tudo o que Wally precisou ouvir; seria porque estava ficando cada vez mais infantil que desejava uma criatura pequena e abraçável para dormir ao seu lado e lamber seu rosto? (Eu não podia lhe dizer que Arden estava visivelmente deprimido para cumprir esses deveres. Acho que nem eu mesmo conseguia entender a situação naquela época, quando tentava manter em pé uma casa que desmoronava.) Concordamos. Fui apanhar o pequeno Dino, mas na porta da casa Jimmi e Tony disseram que tinham mudado de idéia e, é claro, fiquei feliz por eles, por não conseguirem se desfazer do animal. Mas sabia como Wally ficaria desapontado, e no caminho de casa me vi saindo da estrada em direção ao abrigo; antes que percebesse, lá estava eu ajoelhado no chão de concreto junto à gaiola, fora de mim.

Ele era muito maior que um *cocker spaniel*, é claro, mas parecia um cão calmo e sonhador, o candidato perfeito para os deveres necessários de dormir e lamber.

Ele me olhou fixamente, ainda batucando o rabo, e então se levantou de novo, aproximou-se e colocou o lindo peso de sua cabeça nas minhas mãos.

Isso bastou.

Na saída, eu soube que sua admirável tranqüilidade era conseqüência de sedação. Beau havia sido castrado, segundo a política do abrigo, e tinha acabado de acordar. Não importa, eu disse, e fui informado de que o próximo passo seria trazer Arden para conhecê-lo; o abrigo queria ter certeza de que eles se dariam bem.

De volta à casa, estou entusiasmado com a notícia; Wally fica excitado, embora um pouco incerto sobre o tamanho do novo cão, que não será a coisinha carinhosa que ele previa. Meus amigos acham que enlouqueci: *Você está cuidando de um homem que não pode sair da cama e vai adotar um* golden retriever? Eles têm razão, mas depois de um certo ponto o acréscimo de qualquer estresse simplesmente não importa mais. Ah, dizem os já malucos, por que não?

Arden, como sempre, está feliz de sair para passear e senta-se no banco do passageiro, absorvendo a paisagem, virando-se para mim de vez em quando no trajeto de meia hora até Brewster. Penso que eu deveria estar um pouco nervoso por levá-lo a um abrigo, dada sua história. Será que ele lembra o cheiro, a textura da ansiedade animal no ar? Se lembra, não demonstra. Ele espera no carro enquanto eu entro e, com uma atendente, trago Beau para fora, para um pequeno curral gramado onde os dois poderão correr juntos. A atendente, robusta, vestida com *jeans* e um abrigo com capuz, fica olhando na frente do portão; quer ver se os dois cães se entendem. É isso que eles fazem, correndo pela grama, cumprimentando-se e brincando, mas posso notar que na verdade a grande energia de Beau – ele acaba de ser libertado – assusta Arden um pouco. E brincar com um estranho num espaço neutro, ao ar livre, é muito diferente de esse estranho entrar no seu carro com você, mas digo à atendente que está tudo perfeitamente bem. Arden espera no banco da frente enquanto eu assino os papéis e pago vinte e cinco dólares; então levo nosso novo cachorro até o carro, para onde ele salta e começa a farejar alegremente. Arden inicia um rosnado baixo e profundo, muito mais ameaçador que qualquer outra demonstração mais forte. Eu saio do estacionamento depressa, com minha família repentinamente acrescida de um membro.

Wally está prestes a almoçar quando chegamos. Nancy, a assistente de saúde, preparou um sanduíche de *bacon*, alface e tomate com maionese, e, quando entramos na sala apressados, Beau salta sobre a cama numa saudação selvagem, lambe o rosto de Wally com exuberância enquanto este ri sem parar, e então a criatura descontrolada simplesmente consome o almoço na bandeja, até o fim.

Algumas coisas sobre Beau eu aprendo imediatamente: as almofadas de suas patas são cor-de-rosa e macias como pele humana, e parecem nunca ter tocado a terra. Ele vivia numa gaiola. Não tem quase nada do que os psicólogos chamam de "controle dos impulsos". Ele não sabe o próprio nome, nem qualquer outra palavra. Não é um mestiço de *saluki*, mas um *retriever* esfaimado, e se tem três anos certamente não recebeu muita comida, pois imediatamente inicia um processo de duplicar de tamanho. Seu apetite é prodigioso, ilimitado. Quase todos os dias caminhamos pela praia da cidade. Fora de temporada, especialmente de manhã ou no início da noite, quando não há ninguém por perto, os cães passeiam soltos, deliciando-se nas ondas e na arrebentação, saltitando pela água. Beau é irritantemente interessado pelos fundos das casas que dão na água, fica farejando coisas para comer. Um dia, passamos pelos fundos da Igreja de Santa Maria do Porto ao fim de um almoço paroquial, cujos restos são jogados na areia, para as gaivotas barulhentas. Quem imaginaria que um *retriever* gostasse de feijão? Vastas quantidades de feijão, toneladas. Sei que eu deveria intervir, mas fico tão perplexo com sua paixão, com a idéia de esse jovem abandonado de repente ter o suficiente, um suficiente rico e fumegante, que não consigo impedi-lo.

Arden fica visivelmente chocado, como um cavalheiro que não consegue aceitar a situação, e me consolo sabendo que não o desloquei ou o fiz sentir-se isolado, porque ele está visivelmente interessado em

Beau, apesar de uma certa exasperação madura. Quem é essa coisa insubordinada? Que ocupa um grande espaço, socialmente estranho mas encantador, até para Arden, parece. Eu sei, porque em seu primeiro dia em casa Beau começa um jogo com Arden, o tipo de duelo de cabeças que Arden costumava fazer quando filhote, anos atrás, com seu amigo *pit bull* no mato atrás da ferrovia. Arden e Beau deitam-se no chão com as cabeças próximas uma da outra, e seus dentes brilham enquanto eles se ameaçam com ruídos terríveis, como um casal de ariranhas no cio; eles se esforçam mais ou menos de brincadeira para se morder no pescoço, cada um tentando escapar dos dentes do outro, e as grandes presas de marfim se tocam, fazendo ruído - se os dentes soltassem fagulhas, a casa teria queimado. Às vezes a coisa sai do controle, mesmo para eles, e há um ganido e um recuo, e depois de um minuto eles recomeçam o jogo até que nenhum consegue mais ficar de olhos abertos.

Quando precisamos alugar um leito de hospital, eu encosto nele uma cama antiga de ferro para podermos dormir juntos. Se algumas pessoas que vêm nos ajudar ficam silenciosamente horrorizadas porque as duas camas estão cheias de cães... bem, não importa. Nós fizemos uma ilha, uma casa pequena e muito cheia.

Beau nunca fica realmente quieto até que desmorona, geralmente na cama, e se enrola numa bola como um ouriço dourado, até adormecer. Quando estou cansado dele, quando penso que talvez tenha cometido um grande erro, mudo de idéia ao olhar para aquela cara, adormecida ou desperta. Nunca me considerei uma pessoa paciente, mas uma nova reserva de paciência parece estar aparecendo em mim; consigo ficar sentado com Wally e não falar sobre nada, lembrando-lhe delicadamente que ele já viu três vezes seguidas um episódio de *The Golden Girls* e achou muito engraçado todas as vezes, provoco-o sobre seu apetite, rio com ele quando não encontra as palavras que procura.

E tenho uma reserva de tolerância inesgotável para Beau. Se ele sai para a Rua Bradford, onde fora de temporada as pessoas dirigem numa velocidade absurda, fico aterrorizado, mas isso acontece tantas vezes que, quando ele corre, começo a negociar com o pânico; isso faz parte da natureza, digo a mim mesmo, faz parte de quem ele é, e, se ele se machucar, eu fiz o que pude.

Mas na verdade ele parece ter uma vida encantada, embora às vezes os carros tenham de frear forte para não pegá-lo, a mim logo atrás, perseguindo-o no meio da estrada. Quando o alcanço, tento comunicar-lhe com firmeza que aquela foi uma péssima idéia, mas o abanar de seu rabo dissolve o medo e a raiva. Quando saímos pela porta de trás para passear, ou voltamos de um passeio, sempre que está solto da trela ele gosta de saltar a cerca de paus - que não é baixa - e rumar para as latas de lixo atrás de nossa casa em um pequeno condomínio de aluguel chamado Chalés da Julia para Dois. Eu o procuro e em geral encontro-o no lixo de Julia, engolindo velhos ossos de frango; então ele me olha e começa a acenar feito louco aquela cauda emplumada, cheio de felicidade. Ele me olha com a expressão mais franca e satisfeita, e qual é o motivo para me aborrecer?

Isso tudo parece um pouco uma piada antiga e famosa. Um homem procura um rabino e pede ajuda. "Estou péssimo", ele diz, "minha vida é insuportável." "Qual é o problema?", pergunta o rabino. "Eu tenho uma casa muito pequena, uma mulher brava, seis filhos, quase nada para comer, meus pés doem, o que posso fazer?" O rabino diz, sem levantar uma sobrancelha: "Arranje um bode". Isso parece loucura para o homem, mas esse rabino é considerado muito sábio, por isso ele o obedece. Na semana seguinte ele volta até o rabino. "Ajude-me", diz, "o bode é um desastre! Ele come nossas roupas, ocupa todo o espaço em nossa pequena casa, e minha mulher está furiosa; ela pisa nos meus pés, o que posso fazer?" O rabino diz, absolutamente calmo: "Livre-se do bode". Na semana seguinte o homem volta e diz: "Oh, rabino, obrigado, agora minha vida está maravilhosa!".

A diferença é que eu gosto do bode.

Um dia, quando Beau está aninhado junto de Wally, com as costas perto de seu quadril, vejo meu namorado levantar a mão direita - que ele não consegue mais usar para se alimentar -, movimentá-la no ar com intensa deliberação e pousá-la no corpo dourado de Beau. Tiro uma foto desse gesto, porque é assim que quero me lembrar de Wally. Acho que foi a última coisa que fez com aquela mão, não sei. O gesto talvez não fosse tanto para Beau - a coisa saltitante, confusa, feliz -, mas para tudo o que ele representa: possibilidade, começo, carinho potencial, vitalidade. O homem querido tenta tocar o mundo: como quero ir quando eu for.

Entreato

Junto ao túmulo

Na noite em que Wally morreu – aquele vento do poema de Emily Dickinson soprando em nossa cama –, Arden havia dormido com ele o dia inteiro, exceto por algumas caminhadas rápidas e frias. Ele ficou totalmente mergulhado no sono até talvez quinze minutos antes do fim da vida de Wally, então subitamente saltou da cama com um barulho forte no velho assoalho e correu para a sala ao lado.

Na verdade não sei onde ele e Beau estiveram por algum tempo, várias horas. Até que, numa hora avançada da profunda noite invernal, a dupla da agência funerária chegou para levar o corpo de Wally. Essa foi a única coisa, depois de tudo, que não suportei ver; eu não poderia deixá-lo ir sem mim, não desse jeito. Então levei os cachorros até a baía congelada, numa escuridão de breu. Passeamos um pouco junto à água escura do porto, sob o céu preto salpicado com a escrita cruel das estrelas de janeiro, e quando voltamos para casa o corpo dele não estava mais lá.

Como é para um cachorro quando uma pessoa morre?

Beau ainda estava fora de foco, e na verdade não tinha conhecido a presença risonha, benevolente e dolorosa na cama da sala por tempo suficiente para se ligar muito a ela. Mas e Arden? Lembro-me de uma série de fotos que Wally tirou na praia de Herring Cove. Wally usa seu velho casaco de inverno vermelho, segura uma bola de tênis no ar, e Arden está saltando para agarrá-la, uma forma negra líquida retorcendo-se no ar. A série é cuidadosamente ensaiada para que cada parte do salto de Arden seja captada, quase como uma animação quadro a quadro, mas Wally não tinha aquele equipamento de disparo rápido que os fotógrafos de moda usam, por isso teve de fazer tudo da maneira mais difícil e cuidadosa, repetindo a brincadeira várias vezes e armando a câmera para uma foto automática. Provavelmente levou horas, e agora a série é um símbolo de todo o tempo que eles brincaram juntos.

Mas aquela pessoa com força para jogos tão elaborados já havia partido há muito.

Não sei como Arden estava realmente, porque eu mesmo, é claro, estava cego, mal consegui colocar um pé na frente do outro até o fim daquele inverno interminável, com suas longas nevascas e lagos congelados, ventanias nas dunas. Talvez o melhor para Arden agora fosse ter um novo companheiro? Uma reorganização da matilha talvez seja a maior coisa na vida de um cachorro, a mudança das regras sociais, a sintaxe do mundo reformulada.

Que será revisada novamente, dali a sete anos, quando Paul e eu enterramos Beau na areia profunda do jardim da frente em Provincetown, sob o caminho de cascalho ao lado da hoje imensa forsítia. Arden fica perto do túmulo, deitado em seu lugar preferido ao abrigo dos galhos - nus, porque é janeiro de novo -, as patas cruzadas à frente, a cabeça baixa, estudando o que fazemos: o corpo de Beau enrolado numa manta indígena, enterrado à moda antiga, com as coisas de que vai precisar: uma bola de tênis, biscoitos, um pequeno brinquedo de pelúcia para levar para o outro mundo. Continuo me lembrando, quem sabe por quê, de uma tarde no parque em Iowa City, quando Beau encontrou um bicho de pelúcia e deitou-se de costas, mantendo o brinquedo no ar com as quatro patas, com um olhar de total absorção. Michael estava conosco naquele dia, com seu cachorro Cowboy, e, quando ele viu a expressão arrebatada de Beau, também percebeu meu olhar, que parecia dizer: "Você também viu esse deleite, não?". *O que me surpreende junto ao túmulo é que ele está bonito. A doença tinha feito inchar sua cara e seu peito, mas tudo desapareceu agora; ele parece perfeito: as delicadas bochechas cor-de-rosa enrugadas atrás da borracha cor de ameixa do nariz.*

Eu estaria mentindo se não contasse que havia um lado de Arden que gostava de ser o único cão da família... não mais ser empurrado, não mais dividir o espaço ou se revezar na tigela de água; ele sempre quis voltar a ser filho único? Mas nada disso é visível agora; ele está imóvel, junto à cova aberta, com as patas cruzadas à frente, a língua ligeiramente estendida, uma expressão que não consigo decifrar.

Capítulo 7

Um passeio é um passeio e tem de ser feito; café-da-manhã e almoço virão a seu tempo. A rotina dos vivos é inviolável, sem hiatos causados por tristeza, crise espiritual ou tempo horrível. Bem, minha rotina foi totalmente violada; no que se refere a cuidar de mim mesmo, nunca me senti tão completamente incapaz. Mas de certa forma era bom que eu tivesse alguém para cuidar. Lá estava a âncora dourada, constante - se não em termos de comportamento, pelo menos em matéria de necessidade. Quando eu levei Beau para casa, pensei que estivesse dando um presente a Wally, mas na verdade o presente foi dele para mim, ou meu para mim mesmo, ou ambos. Se eu tivesse planejado, não poderia ter feito nada melhor para salvar minha vida.

Não só por ele ser carente; havia mais que isso. Íamos para o bosque de faias, um trecho protegido de matas e dunas que oferece uma espécie de alívio e equilíbrio para as dunas altas e infinitas e o imenso horizonte do Atlântico. Beau corria pelos caminhos batendo as patas; erguia a cabeça para farejar o vento, absorvendo tudo o que ele trazia: sinais de neve e, em algum lugar da mata, uma raposa; o sal e o cheiro de óleo de peixe na baía. Eu o observava aspirar o mundo com tal deleite que seu corpo parecia se expandir, como se ele absorvesse o ar no peito, inalando a liberdade e a excitação, e sua estrutura começasse a florescer. Na verdade não havia nada de *saluki* nele - talvez um toque de *chow*, expresso nos genes que mancharam sua língua de violeta -, mas o corpo era todo de *golden retriever*; ganhava músculos lentamente, o peito alargava-se e os ombros se solidificavam.

"A energia é o eterno deleite", diz Blake. O prazer de Beau no mundo também despertava algo em Arden. Ele bem que poderia ter caído em depressão na época; já estava deprimido, eu imaginava, nos meses preguiçosos e pesados em que Wally minguou. Wally tinha passado tanto tempo com Arden que eles pareciam quase uma substância psíquica de tão sintonizados. Arden tinha engordado com todos aqueles aperitivos de *bacon*, aninhado na cama quase o dia todo enquanto as enfermeiras iam e vinham. "Elizabeth Taylor", Michael o chamava, a grande rainha no acolchoado.

Mas agora o cão lacônico e contemplativo - com apenas cinco anos, afinal - fora subitamente chamado para a vida ativa. O desaparecimento de Wally tinha sido de certa forma atenuado por Beau, ou pela vasta força energética desse redemoinho de distração. Eles corriam juntos pelas trilhas; no início Arden arfava para acompanhar Beau, depois começou a emagrecer e a correr com sua própria avidez dinâmica, mas algum problema no quadril nunca permitia que ele fosse tão veloz ou agüentasse muito tempo. Dois perfis, um preto e um dourado, gravados em minha memória, onde é sempre um dia de inverno, vestígios de neve marcando os caminhos sob o céu branco. Uma lagoa gelada se estende à nossa frente. Podemos nos aventurar por aquele gelo grosso, que brilha sob nossos pés em constelações de fissuras. Há um mês estava incrivelmente frio, e a lagoa maior era segura, um amplo campo gelado coberto por uma camada de neve; o vento soprava meu cachecol e sua franja comprida enquanto cruzávamos o grande campo que o inverno de repente nos havia dado, seguindo para os morros cujo caminho não encontraríamos de outro modo.

O fenomenologista Gaston Bachelard escreve: "A alma nunca é surda para a qualidade da infância".

Um dia, na primavera, estamos voltando da praia e paramos em um bazar que Michael e Frank, os vizinhos, estão fazendo no quintal. Beau olha para a mesa baixa coberta de bobagens, estica o pescoço e delicadamente fecha a mandíbula ao redor de sua compra: uma gaivota de borracha com um fio amarrado para pendurá-la no teto e deixar suas asas flexíveis baterem. Ele a ergue gentilmente da mesa, morde-a com mais firmeza e - epa! - ela guincha. Ele fica encantado e a faz guinchar novamente; atira-a para cima alguns centímetros, apanha e aperta a falsa ave até ela gritar. Vendida! Ele carrega o prêmio para casa, joga-o e bate nele até o brinquedo parar de gritar.

Esses surtos de comportamento de filhote podem ser, apesar da alegação de Bachelard, algo menos que cativantes, mas devo admitir que parecem ser realizados com certo senso de humor malicioso. Por exemplo, Beau adora roubar luvas; ele assume uma expressão marota, esgueira-se para nosso lado como se quisesse carinho, segura a ponta dos dedos da luva com os caninos aguçados e sai correndo, deliciando-se na neve com a bonita luva listrada na boca, balançando a cabeça ferozmente como se ela fosse um rato cujo pescoço ele pretende quebrar.

Depois há os saltos para agarrar a trela e caminhar sozinho, além dos saltos para morder a manga. Por algum motivo, esse comportamento é especialmente associado a coisas verdes. Eu gosto de usar uma grande parca verde que comprei para Wally, e quando me dou conta há um rasgo no cotovelo, com o enchimento começando a sair. Meu suéter verde de gola rulê tem destino semelhante, a manga mastigada - sempre com prazer - até que ela se desfaz até a metade do meu braço. A apoteose da obsessão por coisas verdes acontece com minhas luvas verde-maçã Benetton, grandes, forradas, bem na moda de 1994. Elas são minhas preferidas, muito quentes. Estamos brincando na praia do porto quando Beau agarra uma delas, sai correndo, vira-se para mim como se risse. Dessa vez fico sério, quero minha luva! Ele pára, desafiador. Eu me aproximo lentamente, abaixo-me para pegá-la, e então ele faz a única coisa possível para manter a posse da luva. Abre as mandíbulas numa extensão incrível - como consegue? -, abre os músculos da garganta, inspira e a engole! Lá vai minha grande luva goela abaixo.

Não posso acreditar. É possível que ele consiga digeri-la, como um tubarão? O que usam para tingir couro de verde-maçã é tóxico? Provavelmente. Fico a observá-lo durante a tarde, mas ele parece bem. Ainda estou pensando no que fazer naquela noite quando Beau começa a parecer um pouco bilioso e - com pouquíssimo esforço, por sorte - cospe, intacto, sobre o assoalho, meu acessório agora bastante indesejável.

Caminhar, uma maneira de estar no presente, absorvendo o que aparece, abandonando em certa medida o controle do que virá depois, simplesmente seguindo os caminhos, parece me animar um pouco. A praia, as dunas, o brejo das amoreiras em Truro, onde uma longa trilha passa pelos alagadiços e leva até os penhascos sobre o mar, são lugares para dias mais quentes. Quando está gélido, as partes mais profundas e protegidas das matas nos guardam do vento, pelo menos. Beau disparava, captando algum odor no ar, e Arden o seguia, sempre tentando alcançá-lo, mas era sempre Arden quem voltava primeiro. De vez em quando Beau desaparece por tanto tempo que me preocupo, mas então lá vem ele, levantando as orelhas quando escuta seu nome, franzindo a testa de curiosidade, sinal de um princípio de foco e atenção. E Arden está ganhando um novo brilho nos olhos, novamente aquele castanho profundo e reluzente que me lembra Emily Dickinson descrevendo seus próprios olhos como "a cereja na taça que o convidado deixa".

Caminhar é uma afirmação de vida física. Estamos no mundo, respiramos, estamos juntos. Eu ando mais ou menos em linha reta pelos caminhos, e às vezes os cachorros seguem bem na minha frente ou ao meu lado, mas com mais freqüência circulam ao redor da trilha, vasculhando o mato ou o pântano em volta. Começo a pensar em nós como uma consciência ampliada, partindo em direções diferentes, sentindo, nosso corpo fazendo uma trilha trançada, mas nossa consciência se sobrepondo. Isso ajuda no momento em que um ser parece frágil, apagável. Com os dois, uno-me a outra coisa, fico com a percepção expandida e não preso ao mundo em meu próprio corpo sofredor, perecível, limitado.

Não se trata exatamente de querer viver por causa de um cachorro, mas de os cachorros mostrarem por que se poderia querer isso.

Entreato

Fábula ética

Cathy conta esta história: "Um homem está cansado de seu cachorro, não o quer mais, então leva o animal num bote pelo lago, com a intenção de afogá-lo. Mas o barco vira e o cão salva o homem do afogamento".

Pergunto: "Isso é tudo?".

"Sim", ela responde. "É uma dessas histórias que dizem ser verdadeiras, e isso é tudo o que sei sobre ela."

Mas o que aconteceu depois?

Essa conversa ocorre na mesa do desjejum, e o grupo que saboreava café com torradas começa a imaginar como poderia ser a continuação da história.

Cynthia diz: "É claro que então o homem passou a gostar do animal".

Eu digo: "Não sei se as pessoas mudam tanto assim; uma pessoa que afogaria um cachorro poderia realmente se transformar desse modo?".

Robert continua: "Bem, o homem terá de encontrar uma maneira mais eficiente de matar cachorros".

Eu replico: "Puxa, esse é seu lado bem europeu!".

Robert me responde: "Que coisa mais americana dizer que é europeu!".

Meredith: "Acho que as pessoas podem se transformar quando sofrem um grande abalo. O homem poderia amar e respeitar o cachorro".

Cathy: "É uma mudança grande demais. Mas talvez agora ele não o afogasse mais".

Robert reconsidera: "Não se pode saber, porque não temos suficiente... como se diz... conteúdo?".

Todos respondem: "Contexto!".

"Sim, contexto", Robert continua. "O homem poderia ser velho e pobre, o cachorro poderia estar doente, o cachorro poderia ter matado o filho do homem, não se pode dizer como seria sem saber mais."

Eu: "Isso é realmente europeu!".

E Robert: "Por quê?".

"Porque os americanos", respondo, "gostam das coisas preto no branco."

Acredito que o homem se transformaria por algum tempo. Chegando perto da morte daquele jeito, acho que ele poderia olhar para o cão e ver alguma coisa – mesmo que não fosse um homem perspicaz –, algo sobre o que eles tinham em comum. Afinal, estavam no mesmo barco! Não sei se esse sentimento duraria, provavelmente não. Mas acho que ele poderia receber uma espécie de graça por algum tempo, embora seja impossível prever se as pessoas são capazes de transformar graça em atos.

Penso nessa história durante dias. Pergunto a Paul o que ele acha, e ele responde: "O homem não merece o cachorro, deveria dá-lo para nós".

Capítulo 8

Pensando bem, eu represento uma série de grandes desafios para um novo namorado. Fiquei viúvo(a) por apenas um ano; estou ansioso para me relacionar e aterrorizado diante da idéia de que qualquer coisa que eu possa amar ou desejar seja simplesmente levada embora. Durmo com dois *retrievers* de trinta quilos. Paul não se intimida, talvez porque somos amigos há vários anos; ele fica para dormir cada vez mais vezes e parece deslizar para dentro de casa como se pertencesse a ela. Beau, é claro, agitaria os quadris e o rabo se Átila, o Huno, viesse morar em casa, mas Arden tem mais reservas sobre a formação de um novo arranjo; será que já não sofreu o suficiente?

Nosso acasalamento enérgico afasta os cães da cama. Os cachorros não gostam, segundo minha experiência, de estar na mesma cama, ou no mesmo quarto, com pessoas que fazem sexo – o ruído e a intensidade, a maneira dessa intensidade pode ser vista como uma agressão? Mas geralmente há um cão no chão, ao lado, e Paul não está acostumado a acordar à noite e andar com cuidado para ir ao banheiro. Quase inevitavelmente ele pisa em Arden. Cada vez que isso acontece, Arden o detesta mais, e uma noite, finalmente, quando Paul pula da cama e pisa numa anca preta, Arden levanta-se como um relâmpago, mostrando os dentes, fazendo ruídos furiosos, e persegue Paul até a porta do quarto com a clara intenção de morder sua bunda. A estratégia mostrase eficaz: Paul começa, muito conscientemente, a olhar antes de saltar da cama. Uma batalha na guerra pelo predomínio foi vencida.

Outro lugar de disputa é o carro. O assento preferido de Arden é o da frente, ao meu lado; ele acha que Beau deve ir atrás. Graças a nosso orçamento apertado, no momento dirijo um pequeno Toyota verde, de pintura metálica, um veículo em que nenhum de nós realmente cabe muito bem. Na primeira vez em que vamos a algum lugar todos juntos, Arden salta no banco da frente, supondo que Paul encontrará um lugar atrás; os humanos não ficam satisfeitos com esse arranjo. Se eu disser com firmeza para Arden "Vá para trás!" ele vai, mas a obediência é acompanhada de orelhas baixas e um olhar maligno, seguidos de uma retração. (Eu só uso essa voz grave, de quem não está para brincadeiras, em ocasiões muito raras, geralmente na praia, quando Arden rouba a bola de outro cachorro e a dona deste, desesperada, fica furiosa com a ousadia dessa fera recalcitrante.) A sabedoria popular segundo a qual a teimosia é companheira da inteligência parece totalmente demonstrada, já que cada vez que entramos no carro a cena se repete: Arden na frente, aguardando com interesse a viagem, aparentemente despreocupado e pronto para rosnar no minuto em que Paul fizer um gesto para tirá-lo do lugar.

Rosnar e depois abanar o rabo imediatamente quando Paul diz "Cara de merda", e então começar a amá-lo.

Porque na verdade em pouco tempo Arden começa a amar o seu Paul, a ligar a essa nova pessoa os filamentos de seu afeto. Beau continua alegremente distraído.

Mas ainda é pedir muito. Um dia estou com os cachorros num pântano distante quando vejo ao longe o que parece ser um colchão branco. É um lixo muito grande para esse lugar, mas não impossível; o mar pode arrastar praticamente tudo. Os cachorros, por algum motivo, vão diretamente para lá. Não sei que força divina distrai Beau no caminho, mas Arden só quer saber do colchão; quando eu chego ao local, já pulou nele e está rolando loucamente para todos os lados.

Eu não poderia saber que o Centro de Estudos Litorâneos realizara na véspera a autópsia de uma baleia encalhada e que o que está diante de nós é um colchão tamanho gigante da camada de gordura da baleia, incrivelmente oleosa e com um cheiro de peixe indescritível, que agora penetrou profundamente no pêlo grosso de Arden, onde permanecerá durante meses, diminuindo ao longo do tempo.

Depois há o gambá. Um jato direto na cara do pobre Arden quando ele sai para o quintal à noite, bem acima dos olhos. A mancha concentrada exala um odor de intensidade indizível. Sentado na banheira, besuntado de suco de tomate, ele sabe que está ridículo; a cauda emplumada cai, triste, e as listras brancas do pescoço e do peito estão cor-de-rosa. Mais sinais olfativos persistentes; Arden é uma sinfonia de odores, como aquela criação fantástica do simbolista decadente Des Esseintes, no romance oitocentista de Huysmann, o órgão do perfume, que exalava uma série de fragrâncias, calibradas para orquestrar as visões do sonhador. As curvas rosadas das orelhas, sob as abas lustrosas, pelo menos retêm o odor que terão por toda a vida de Arden: inexplicavelmente, um cheiro adocicado e agradável de bolinhos de milho.

Por outro lado, suponho que seja necessário dizer algo sobre fazer parte de um bando. Certa doçura nos envolve, temos a sensação de ser um time contra o mundo ou diante dele. Em Provincetown, o ano de 1995 é um momento sombrio, e é bom estarmos ali juntos.

Sei que faço isso parecer fácil (nenhuma história pode conter tudo). Na verdade, o que eu sentia era profundamente dúbio, metade de meu rosto voltada para o passado e para o que eu perdera, a outra no presente e começando a pensar no futuro. Como se eu mesmo fosse preto e dourado. Não quero dizer de modo algum que a personalidade dos cachorros representasse escuridão e luz; os cães, afinal, são cheios de nuances, de dimensões que complicam qualquer definição de personalidade. Mas o preto e o dourado deles pareciam-me algo como ação *versus* contemplação, ou energia *versus* imobilidade, ou fogo *versus* terra. Atribuí a eles aspectos de mim mesmo, como se, quando chegávamos à praia e as trelas eram soltas, aqueles dois gestos, um preto e um dourado, partissem do meu próprio corpo.

Por mais tristeza que eu ainda sentisse, gostava do rumo que minha vida tomava, das novas direções luminosas. É humano lamentar a perda e ao mesmo tempo tentar seguir em frente.

Ganho a vida principalmente dando aulas, algo que não poderia fazer em Cape Cod, e havia a possibilidade de trabalhar como professor convidado em lugares interessantes. Assim, no início de nosso primeiro outono juntos, Paul e eu enchemos uma nova perua (adeus ao Toyota, felizmente) com nossas novas necessidades e os suprimentos animais, deixando espaço suficiente atrás para dois grandes bichos em pé, deitados, ou sentados a observar meio continente passar pela janela, e nos mudamos para um semestre em Iowa City.

Assim começou uma vida peripatética de semestres como convidado aqui e ali, com os períodos em lugares desconhecidos pontilhados por retornos a Provincetown durante meses. Somos uma absurda caravana de um só veículo, como os Joads[5], que deixaram Oklahoma com potes e panelas amarrados à capota do carro, ou a Família Buscapé ao transportar a cadeira de balanço da vovó para a Califórnia. Temos computadores, livros, roupas, tigelas de água, caixas de biscoitos, música para a viagem, originais de textos em andamento e, é claro, os dois gatos que não entram nesta história, presos nas gaiolas plásticas, miando de vez em quando.

Arden e Beau realmente são ótimos viajantes, mas Arden tem mais facilidade para deixar o balanço das rodas levá-lo ao sono. Beau não quer perder nada, especialmente o gado, e fica desperto até parecer atordoado, com a cabeça apoiada na janela. Ele adora atravessar trechos com água, o que o faz sentar-se e olhar em alerta total, e as fazendas com animais, que são recebidas com um latido forte que nos faz saltar no assento quando não estamos preparados.

Há uma ou duas aventuras ligadas a gado. Num lugar perto de Buffalo, paramos no acostamento de uma colina verdejante. Estamos caminhando contentes quando Beau dispara morro acima, e, quando eu chego ao topo, vejo que é a beira de um pasto mal cercado. Beau já entrou no campo, onde felizmente não há gado esta tarde. Mas ele encontra um grande monte de esterco fresco e atira-se sobre ele com prazer. (Por que será que os cães adoram coisas que cheiram mal? A explicação corrente é a de que essa é uma estratégia de caça, pois permite que o animal disfarce o próprio odor. Mas que vantagem poderia haver em convencer sua presa potencial de que você é uma baleia ou um monte de bosta de vaca ambulante?) O excremento em questão é verde e com forte cheiro de capim e digestão bovina. Não temos como lhe dar um banho, então limpamos o que é possível e voltamos para o carro.

A consciência de qualquer odor dura pouco quando você está imerso numa nuvem dele, mas, quando paramos num pedágio na es-

5 Família de migrantes retratada em *As vinhas da ira*, de John Steinbeck. (N. T.)

trada e eu baixo o vidro para pagar, a funcionária fica esverdeada e vira-se para o outro lado como se tivesse recebido um tapa. No início da noite, num motel do interior, praticamos grave violência contra a banheira e as toalhas.

Os motéis, na verdade, estão no centro de nossa vida de viajantes. Há nisso uma verdadeira arte, como logo aprendemos: somos dois homens viajando com nossos animais e não podemos ir a qualquer lugar. Preferimos os motéis menos elegantes. Evitamos os do tipo mais novo, com uma única entrada e um saguão pelo qual todos têm de passar. Procuramos algo um pouco mais antigo, sem pretensões. Chegamos à noitinha, e não estacionamos bem na frente da entrada, mas um pouco de lado, para que as faces caninas não sejam vistas imediatamente. Se não houver uma placa "NÃO ACEITAMOS ANIMAIS", eu pergunto: "Vocês aceitam cachorros?". A resposta habitual é algo como: "Desde que tenha menos de vinte quilos", ou: "Sim, mas é preciso fazer um depósito de vinte dólares por animal".

Eu digo que temos só um cachorro pequeno. Invariavelmente nos dão um quarto nos fundos do motel, onde os latidos da suposta criatura minúscula não perturbarão ninguém. Rezamos por um quarto no primeiro andar. Perfeito. Então, sob o manto da noite, os cães entram primeiro, seguidos pelos gatos, nunca mencionados, pelas tigelas de água e comida, pelo "banheiro" dos gatos, por algumas malas e pronto! Chegamos. Todos desabam sob o ar-condicionado. O surpreendente nessas noites é que os cachorros parecem adorar; depois do jantar, esparramados na cama, com o pêlo soprado pelo ar-condicionado, são a imagem do repouso satisfeito. Os gatos ficam muito menos contentes, mas nossa única tentativa de sedação produz uma cena terrível: passos soporíferos pelos móveis do motel, miados pavorosos, como um pesadelo de *starlets* decadentes drogadas. Agora apenas tentamos tranqüilizá-los e deixamos que se escondam sob os móveis. É claro que não podemos sair e deixar esse zoológico, por isso ou pedimos uma pizza ou um de nós sai para ver o que encontra – o que, não é surpresa, vai do meramente aceitável ao repreensível. É uma forma de viagem degradada, sem dúvida. Toda manhã saímos cedo e às pressas, antes que alguém veja quantos seres compartilharam o quarto à noite. Não podemos parar em lugar nenhum por muito tempo e deixar as criaturas no carro. Fazemos muitos passeios curtos, mas não podemos demorar porque os gatos precisam ficar presos.

Assim, esforçamo-nos para chegar rápido, pela longa estrada que se desenrola, os pneus comendo os quilômetros.

É estranho, portanto, que haja algo delicioso nessa lembrança, todos nós na geladeira de um quarto de motel, espalhados sobre as colchas marrons e roxas, Paul e eu lendo, ou, quando estou muito cansado, deixando a CNN rolar, os cachorros tão felizes por estar parados que não movem um músculo.

Em nosso primeiro ano em Iowa City, alugamos uma casa grande, simples, descontraída, com encanamento peculiar e uma banheira incrivelmente comprida. Há uma tora enorme e pesada na cozinha, à qual, contaram-nos, outro poeta visitante costumava amarrar seu rebelde *rottweiler*. Um dia, um imenso bordo cai no quintal, vítima de uma dessas ferozes tempestades do Centro-Oeste; temos sorte de ele não levar a casa inteira. Caminhamos à tarde num parque extraordinário - o Hampstead Heath de Iowa City, como diz um amigo poeta —, cujo gramado dá lugar a bosques e os bosques, a colinas amarelas recém-ceifadas, agora transformadas em campinas onde pastam grupos de veados, pelo menos até nos aproximarmos. Podemos nos deitar nos campos e olhar para as enormes nuvens brancas que se acumulam e passam, grandes placas tectônicas de continentes aéreos.

Em nosso segundo ano em Iowa City temos um sério conflito animal. A faculdade arranjou um lugar para morarmos segundo nossa estratégia de "um pequeno animal", e acabamos em Flatview Acres, um insosso beco de casas em dois níveis, cor de sopa de cogumelo. Alugamos a casa de um professor em viagem de estudos e sua mulher implicante. Não fico nada feliz com essa fraude, mas a administradora que cuida dessas coisas na escola insiste que é a única maneira de dois caras com quatro bichos alugarem uma casa aqui, por isso parece que não há nada a fazer senão aceitar o esquema.

A dona da casa deixa páginas de instruções e proibições, a maioria delas referente ao bichinho de estimação. Suas preocupações seriam mais compreensíveis se a casa fosse, por exemplo, uma arca de antiguidades delicadas, mas ela está longe disso. Os móveis são de uma equivalente local da IKEA; e o interior todo bege, como se qualquer vestígio de cor fosse uma explosão indesejável, distingue-se apenas por desenhos sombrios e uma grande escultura em arame de um rato preso a uma esteira rolante. A mulher do professor, ao que parece, fez uma dissertação sobre algum tipo de pesquisa cerebral. Toda uma área do porão é proibida para nós; gostamos de especular sobre que terrores góticos ela poderia conter. Um rapaz especialmente tristonho, de ombros curvos sobre o peito magro, vem cortar a grama. Quando vou pagá-lo, ele parece não ter certeza se realmente quer tocar alguma coisa que saia da minha carteira.

Ficamos totalmente paranóicos, é claro, com a idéia de causar danos à horrível casa, e provavelmente os cães sentem isso porque parecem se tornar superdestrutivos, como se nossos esforços para contê-los deixassem todo mundo mais nervoso e estragassem esses planos. Certa noite, um quati se pendura em uma árvore junto à janela do quarto, como um espírito maligno enviado pela perversa proprietária, e os meninos enlouquecem junto à janela. O bairro é cheio de veados tristes e deslocados, que passam a noite nos gramados bem-cuidados, cheios de fertilizante; certa tarde, quando um deles passa em frente à porta de tela, Beau tenta atravessá-la, e mais ou menos consegue.

Logo recebemos a notícia de que a senhoria, desconfiada, está voltando a Iowa City da distante cidade em que está passando o semestre; ela "esqueceu o computador" e vai dirigir cerca de doze horas para buscá-lo. Entramos em ação. Todas as provas da existência de animais são removidas, na maioria para o carro. Os gatos vão para as gaiolas, os cães para o fundo da perua, e saímos para um dia de folga. Seguimos até Wisconsin, que nos parece muito agradável, e, para meu prazer, descobrimos o Groto de Dickeyville, um monumento de arte bizarra construído no início do século por um padre alsaciano exilado que sentia falta da arquitetura barroca de sua terra e decidiu fazer algo com o que tinha à mão. É um templo de idiossincrasia, exatamente o tipo de arte que aprecio, e nunca a teríamos encontrado se não estivéssemos em fuga.

Mas somos apanhados. Um dia, quando não estamos em casa, a filha da dona aparece e imediatamente conta à mãe que os quatro animais estavam amontoados no sofá branco da sala, cochilando. Isso é evidentemente uma mentira: os gatos jamais se aproximariam dos cachorros, muito menos dormiriam com eles, e o sofá modular precário se desfaria se algum cachorro tentasse saltar sobre ele. Mas é uma visão dramática que causaria horror a um coração materno.

Recriminações, acusações. Saímos limpos. Tenho uma briga terrível no trabalho com a mulher que nos conseguiu a casa, uma discussão de proporções assustadoras, na qual ela grita: "Mark, não me importo se você dormir na merda da rua".

Ela estava tendo um dia ruim, mas não quis saber da elegância do meio acadêmico. Os donos da casa não nos processam nem mandam contas assustadoras, mas desconfio que é por um motivo triste e perturbador. Pouco antes de partirmos, recebemos uma ameaça de morte na secretária eletrônica, evidentemente deixada por um dos rapazes da vizinhança – será o menino triste que cortou a grama? "Vou matar vocês, suas bichas." O que parece bastar para os proprietários pensarem melhor nas coisas. Ficamos muito felizes em deixar aquele bairro, e os cachorros, é claro, muito mais por entrarem no carro para ir a qualquer lugar.

Mesmo nos horríveis subúrbios, havia longas caminhadas pela floresta próxima, enquanto as folhas ganhavam todos os tons imagináveis de amarelo e os cervos andavam pelos bosques de carvalho perto do anoitecer, elegantes sobre as pernas estranhamente delicadas. Beau desaparecia em suas amplas corridas e dali a pouco aparecia aos saltos nos dormentes da ferrovia, que formavam degraus rústicos, a língua de fora, irradiando prazer pela própria velocidade. Então seguíamos pela margem relvada da estrada até a barraca de CreeMee, com seu enorme sorvete de madeira pintada no ar azulado, e os cachorros esperavam pacientemente que eu terminasse minha iguaria.

Em uma casa emprestada nas florestas de Vermont, num verão, Paul toca piano especialmente para Beau, que vem se deitar no tapete trançado perto do banco, estende completamente o corpo e deixa a música vibrar em toda a sua extensão. Música litúrgica, Joni Mitchell, trechos de musicais, Laura Nyro... Beau vai diretamente para o piano sempre que Paul começa a tocar, e se delicia com qualquer gênero.

Em nosso primeiro ano em Salt Lake City, descobrimos os Benches, sopés de vegetação rala nas montanhas que cercam dois lados da cidade. Moramos num bairro vitoriano chique perto da universidade (o único lugar da cidade onde os carros têm adesivos de pára-choque como "AME SUA MÃE" ou "AGRADEÇA A DEUS"), e os Benches estão a poucos minutos de carro, incrivelmente selvagens. Cervos passam acima de nós nos penhascos rochosos; galgamos uma crista e um coiote salta, olhando para trás sobre os ombros. Beau tenta segui-lo, correndo à toda por uma trilha que contorna a montanha, mas não é páreo para seu primo selvagem, que corre pelas montanhas todos os dias.

Um dia, nós quatro já subimos bastante pelo sopé da serra de Wasatch, quando somos detidos por uma coisa grande, escura, que se mexe num pequeno arbusto. Nos aproximamos um pouco, e Paul e eu percebemos ao mesmo tempo que aquela coisa desajeitada, mais alta que uma geladeira e mais larga que quatro geladeiras enfileiradas, é um alce. Uma fêmea, sem chifres, consumindo alegremente uma pequena árvore. Ela arranca um galho do tronco, mastiga, parece considerar, escolhe outro; não se mexe do pescoço para baixo.

Não preciso fazer nada para controlar os cachorros; eles se sentam como se tivessem recebido uma ordem, inclinam a cabeça para a frente, como se aquele espetáculo fosse algo imperdível.

O Beau que eu conheci teria corrido diretamente até o alce, com ou sem imensidão; sua contemplação contida e apropriada do animal é uma prova de como ele mudou. Em Provincetown, costumava nadar atrás de focas, que pareciam muito curiosas sobre seu primo terrestre, mas também dispostas a continuar nadando para longe enquanto Beau as seguia, até que ele fosse apenas um pontinho escuro na distância, naquele mar invernal. Ficávamos aterrorizados, e mais de uma vez tivemos certeza de que o havíamos perdido – e então ele vinha correndo pela praia, do lugar para onde a corrente o havia arrastado, trêmulo, praticamente azul de frio. A criança não tem limites, nós dizíamos então.

Mas hoje nossa piada é que ele ganhou um neocórtex, seu cérebro evoluiu através de uma combinação de amor, exercícios, ar puro e uma excelente marca de ração em lata chamada Triumph. Ele e Paul se ligaram muito nas vezes em que estive fora, de uma maneira que não acontecia antes, na época em que Beau era pura atenção trepidante para qualquer estímulo forte que aparecesse. Agora há algo de meditativo nele; surgiram novas qualidades que realmente não esperávamos: uma certa dignidade e compostura, até um aspecto de nobreza. Quando ele nada no Grande Lago Salgado, de água tão espessa que o faz boiar, ele percorre o topo das pequenas ondas com a boca fechada, a cabeça dignificada singrando a superfície.

Fisicamente, ele está em seu melhor momento, grande e brilhante. Um dia, uma fotógrafa vem à nossa casa para fazer fotos para uma publicação literária; ela me fotografa à mesa, com as sobrancelhas levantadas no meio de uma piada. Nunca fui muito fotogênico, mas Beau parece um clarão radiante de bem-estar solar, parado junto à minha mesa, ocupando quase a metade do pequeno escritório. A foto é publicada em um livro de cartões-postais de poetas. Seis meses depois, quando estou longe de casa, na Irlanda, sentindo falta dos apoios domésticos da minha vida, é uma grande alegria entrar numa livraria em Galway e ver, pregado à parede, o cartão-postal comigo e meu amigo reluzente.

Quando viajamos, é claro que temos de encontrar babás para os cachorros. Não há melhor profissão que a minha para alguém que procura pessoas interessadas nesse trabalho: alunos de graduação muitas vezes estão longe de casa e de seus animais amados, e com freqüência vivem em condições espartanas. Assim, quando perguntamos a eles se gostariam de passar uma semana numa casa confortável, com muitos livros bons, TV a cabo, som – e, oh, quatro bichos –, eles costumam ficar muito felizes. Quando convido alunos para minha casa, confesso que fico de olho em algum que seja especialmente atraído pelos cães.

Dessa forma, Arden e Beau fizeram excelentes amigos e ficaram gravados na imaginação de vários jovens escritores. Nuar levava os cachorros para correr na praia e conseguia até extenuá-los nas planícies salgadas da maré. Karen caminhava pelas trilhas ocultas perto da represa Coralville, descia até a água vermelha de lama e fazia o jantar para jovens poetas enquanto os cachorros se deliciavam com a companhia. Jenn lia na cama em Provincetown, com um cachorro de cada lado, sobre as cobertas, as cabeças em cima de suas pernas. Julie, uma ex-condutora de trenó no Alasca, que certa vez quase morreu congelada - e segundo a qual o rumor de que congelar é prazeroso, até transcendental, parece ser totalmente verdadeiro –, levou-os em caminhadas pelos campos de girassóis nas profundezas do Wasatch.

De vez em quando, porém, embora essa não seja a preferência de ninguém, precisamos de um canil. O mais estranho deles, na ilha Stock, perto de Key West, era dirigido por uma mulher idosa chamada Mae. Sentada na sala com um vestido caseiro florido, ela disse, com a voz rasgada por décadas de Chesterfields: "Eles vão ficar bem", absolutamente sem ênfase, como se tivesse dito isso milhares de vezes. Hesito. Ela diz: "O que é que há? Uma noite fora de casa não vai fazer mal para eles". Seus serviços são assustadoramente baratos. A pequena casa de estuque é pintada de um verde tropical descascado que um dia deve ter sido limão, e ao lado há canis de estuque que, francamente, parecem catacumbas de vodu; mas não conhecemos ninguém aqui e precisamos passar a noite em Miami, e há outros cães ali, então alguém confia nela. Um pequeno quintal com cascalho é marcado por um grande filodendro murcho. Estarei apenas sendo esnobe? Esse é o posto avançado de vida na Flórida mais estranho que já vi, mas não há realmente sinais de problemas; só que tudo, inclusive Mae, parece à beira da ruína, como se fosse desaparecer num pântano sem deixar vestígio de que um dia existiu. O lugar cheira a concreto frio, vegetação e... o quê? Melão?

Ficamos completamente nervosos com o canil de Mae durante nossas vinte e quatro horas no mundo elegante de South Beach, que não poderia ser mais distante de Mae. Vamos diretamente do aeroporto de Key West para a casa dela, onde somos recebidos com a mesma reação de sempre: os dois cachorros saltam no ar de um modo que parece improvável, ou impossível: em pé sobre as patas traseiras, eles decolam, fazem exuberantes contorções no ar, pousam nas quatro patas e então repetem a acrobacia. E não parecem se cansar.

Está tão quente em Houston quando chegamos, em agosto, a umidade é tão feroz, que caminhar sob os grandes carvalhos - com seus braços grossos curvados acima da calçada e da rua e as raízes que partem o pavimento em ângulos acentuados – só é possível de manhã cedo e à noite, mas mesmo assim temos de nos defender dos pequenos mosquitos que dão picadas muito dolorosas. Logo nos contam sobre o parque de cães, uma faixa verde junto ao Buffalo Bayou (riacho no qual, segundo dizem, jacarés urbanos espreitam entre colchões de mola, lixo e Deus sabe o que mais. Dizem que um carteiro revoltado vem jogando correspondência lá há anos). Ali, numa ampla e segura depressão gramada, os cachorros são soltos para brincar.

O melhor é o chafariz – um daqueles modelos que espirram e, quando estão ligados, parecem um miolo de dente-de-leão cheio de sementes. É uma maravilha... paira no ar um grande borrifo de água fresca, e o vento, quando há, sopra uma delicada neblina sobre todo mundo; embaixo dele há um lago cheio de cachorros de todas as formas e cores, refrescando-se. Arden, que já tem quase dez anos, está tão artrítico que quase não consegue passar sozinho sobre a borda, mas depois que entra na água fica ali parado sob o frescor líquido, deixando-se ensopar até a pele. Beau prefere caminhar em círculos ao redor do chafariz, ou correr atrás de uma bola, mas, depois de um tempo correndo e saltando na fonte, ele também gosta de ficar imóvel enquanto os animais mais agitados brilham ao seu redor.

Há um viaduto ao lado do parque, e quando caminhamos pela passagem embaixo dele sentimos um estranho odor acre de urina de gerações de morcegos, que se agarram às vigas de concreto. Numa determinada hora do entardecer, eles acordam e saem, numa corrente contínua e farfalhante, passam pelo chafariz, rodeiam o perímetro das árvores e descem pelo riacho. Corremos debaixo deles, Arden, Beau e eu, aquela corrente de vida diminuta e agitada acima de nós, criando, com seu movimento, uma espécie de música no lusco-fusco. Eles me fazem pensar no *Sonho de uma noite de verão*, nas legiões de Oberon, os espíritos das florestas em sua rota aérea entrelaçada pela noite... no meio das torres de escritórios de Houston.

Assim, enquanto pensamos onde vamos morar, como encontrar ou fazer uma casa para nós, cinco anos se passam.

Entreato

Simples felicidade

Encostamos o carro no guichê de um caixa automático drive-in. *Mr. Beau está no banco traseiro, com a cabeça saindo pela janela do motorista, e a caixa cansada se anima assim que o vê, pois quando Beau percebe um rosto humano ele logo libera uma enxurrada de saudações: arreganha os dentes, balança a língua, abana o rabo tão intensamente que a metade traseira de seu corpo sacode de um lado para outro. É como se ele conhecesse a mulher há muito tempo, embora nunca a tivesse visto. Ela oferece um biscoito, que é passado pela gaveta metálica que se estende mecanicamente da cabine dela para a minha. Ela o vê engolir, e então diz: "A tarefa deles é só trazer alegria para este mundo".*

Capítulo 9

Estou preocupado com o quisto sebáceo embaixo da perna esquerda de Arden, no ponto em que ela se une ao torso. Os labradores sempre têm isso, e, embora sejam feios, não são perigosos. Mas esse está numa posição estranha, talvez contribuindo para seu problema nos quadris. Ele parece perfeitamente alegre e de bom humor, mas não acho uma boa idéia ter um caroço do tamanho de uma laranja. Então procuramos um novo veterinário em Houston, e não lembro como encontramos Tandy Tupper (afinal, estamos no Texas e os nomes têm uma música diferente da do Norte). Ela tem um consultório incrivelmente movimentado, onde é difícil conseguir sua atenção ou a de qualquer pessoa, e quando você consegue cinco minutos o método preferido dela é enchê-lo de preocupação. Tandy Tupper tem o cabelo levantado para cima e solto, muitos adornos de aspecto indígena e modos agradáveis que passam rapidamente para um estado de alarme intenso quando ela vê uma crise se aproximando. Sim, o caroço de Arden é tão grande que pode afetar o músculo embaixo da anca, e, sim, ele tem de ser retirado. Primeiro ele vai precisar jejuar, depois fazer alguns exames para ter certeza de que pode ser operado.

Dias depois, descontente por não ter sido alimentado por doze horas, Arden é arrastado para o consultório da doutora Tupper logo após o amanhecer, mas temos de esperar numa fila de bichos necessitados de tratamento. Há um acúmulo de cirurgias, crises abundantes, e só no fim da tarde ficamos sabendo que Arden foi considerado inapto para receber anestesia: seu coração tem um ritmo vacilante e o fígado está encolhido. O significado disso fica no ar, mas parece que sua morte pode ser iminente. Somos informados de que não há nada a fazer a não ser mais exames, os quais, ela nos avisa, podem não ser conclusivos, mas Tandy recomenda uma visita a um centro veterinário de ponta, onde podemos esperar meses por uma consulta. A outra opção, ela diz de passagem, é ficar de olho nele e torcer pelo melhor.

Emily Dickinson diz que a esperança, *essa coisa com penas, que pousa na alma*, não pode ser calada; *ela nunca pára, nunca*. Mas, como é uma grande poetisa, dali a pouco dirá algo totalmente contraditório. Ela, que *sentia um funeral* no cérebro, que sentia as tábuas que sustentam o sentido ceder, certamente compreendia a depressão e o desespero. Talvez até em seu famoso poema, em que retrata a esperança como uma ave, ela avente a possibilidade de falta de esperança, já que, se a esperança tem penas, é muito capaz de voar.

Paul tem uma atitude eslávica revigorante em relação à esperança. Seus ancestrais passaram fome nos campos perto de Bratislava, entre pragas e invasões, e sua noção de que esperar um futuro melhor seria um custoso ato de auto-ilusão parece praticamente inscrita em seus genes. Ele concordaria com Virgílio, que diz em suas *Geórgicas*: "Todas as coisas na natureza estão prontas para piorar".

Mas isso é afinal uma espécie de pose, uma fantasia psíquica para uma sensibilidade não menos vulnerável que a minha. Ele acredita que ter poucas expectativas sobre o futuro é uma proteção, enquanto eu, seis anos mais velho e portanto um filho dos anos 1960, não consigo me impedir de pensar, talvez magicamente, que nossas expectativas moldam o que virá.

Mas é verdade que eu, que sou mais afeito à esperança, também sou mais propenso a um choque mais forte quando essa esperança se esvazia.

Voltando a Provincetown, procuramos nosso antigo veterinário, e o corpo de Arden é declarado estranho mas trabalhável. Os dois cães porém, dão positivo para exposição à doença de Lyme, como conseqüência de anos de caminhadas pelas trilhas e pelos matos do cabo. As implicações do resultado dos exames parecem confusas; ser exposto à doença não significa que você a tem. A contagem de anticorpos de Arden é tão baixa que o diagnóstico é duvidoso, mas Beau é definitivamente um candidato a um tratamento com antibióticos. Ele tem estado um pouco menos enérgico, seu pêlo está um pouco oleoso? É difícil ter certeza. O primeiro remédio que tentamos - pílulas gordas embrulhadas numa fatia de queijo - deixa-o atordoado; se ele fosse um cachorro de história em quadrinhos, teria pequenos "x" no lugar dos olhos e linhas sinuosas flutuando ao redor da cabeça. O antibiótico número dois não parece incomodá-lo.

De volta a Houston, é hora de um *checkup* anual. Tandy T. declara que Arden pode estar morrendo diante dos nossos olhos, mas de forma muito lenta. Então ela coloca Beau na balança, vê que ele perdeu três quilos desde o ano anterior e tem uma intuição de que algo não está certo, não a doença de Lyme desta vez, mas alguma outra coisa.

Eu sei que é verdade, e pequenos sinais de repente parecem formar um sentido. Ele não fica parado no chafariz dos cachorros um pouco mais, sem se mover? E certa vez, quando estava parado junto à porta da cozinha, esperando o jantar, uma de suas pernas não deu um passo para trás, num pequeno vacilo que pareceu... bem, errado? É claro que é verdade... sei disso daquele jeito que sabemos as coisas, depois que são citadas, que estiveram bem na frente do nosso nariz o tempo todo, visíveis mas não realmente reconhecidas, tanto por serem assustadoras como porque não são citadas. Ele não é mais o mesmo cão. Fica deitado na sala de jantar, todo esparramado, ou com a cabeça estendida no piso, o queixo achatado à frente, de um modo que transmite letargia. Ele saúda e bate o rabo, mas não se levanta, e até o batuque do rabo parece durar menos.

Mas a confusão geral do consultório muito popular da doutora Tupper e sua terrível mentalidade de crise me fazem sentir que aquele não é o lugar para descobrir qual é o problema. Ela não chegou a lugar nenhum com Arden, embora ele esteja desesperadamente em jejum e tenhamos esperado horas e mais horas para levá-lo à sala de cirurgia. É assim que, através da entusiástica recomendação de um dos meus alunos, chegamos ao doutor Frank.

Seu consultório é um lugar mais calmo, muito menos elegante, em um bairro despretensioso. A mulher hispânica atrás da mesa tem fotos dos filhos coladas ao computador; as paredes estão cobertas de cartas e cartões de pessoas agradecendo a Frank por ter cuidado de seus gatos e aves, lagartos, cobras e cachorros. O lugar tem uma simpática mistura cultural, um bom humor, as pessoas fazem tranqüilamente seu trabalho.

Frank tem o cabelo penteado para trás com gel e usa óculos de aro de chifre; é magro, enérgico e um pouco bizarro. Dá a impressão de alguém que provavelmente não é socialmente autoconfiante e que só demonstra autoridade em sua área de atuação. No consultório ele comanda, envolve-se e dá ordens aos vários assistentes com os modos firmes de um cirurgião num programa de TV, mas percebemos que há afeto ao seu redor, apesar de um certo revirar de olhos quando as coisas não são feitas exatamente como ele espera. Os animais devem ser carregados *desta* forma; um instrumento pedido deve ser passado por *este* lado; a atenção é sempre necessária, nada de divagar! Seu assistente - evidentemente novo ali -, um homem de traços suaves e musculoso, com muitas tatuagens, usa o macacão azul como um uniforme de prisão e não murmura uma palavra.

Frank nota a textura da pelagem de Beau... como ele deixa um resíduo ligeiramente brilhante em sua mão e como é possível segurar um bocado de pele das costas dele e afastá-la dos músculos: sinal de desidratação. O doutor Frank já tem uma teoria, e os exames de sangue mostram que ela está certa: Beau tem doença renal, o que significa que seu corpo não consegue processar adequadamente a proteína dos alimentos, o que significa que sua saúde é precária.

Não há cura, mas há coisas a fazer. Primeiro, uma dieta de baixo teor de proteína. Por exemplo, arroz com um pedacinho de frango apenas para torná-lo atraente, esse tipo de coisa. Se o teor de proteína baixar, diz Frank, os rins poderão durar mais; difícil dizer quanto.

Mas primeiro uma noite no hospital, para abastecê-lo de fluidos por via intravenosa em substituição aos que perdeu. Beau vai com o assistente tatuado, parecendo feliz de ir embora, sem perceber que não vamos junto. Então ele se vira para olhar, entende que eu não vou e começa a dar pulos em minha direção. Eu coço suas orelhas e seu belo lombo, prestes a deixá-lo ir. Mas Frank concorda que eu o acompanhe até a sala do hospital onde os pacientes entram mas os clientes geralmente não. Devo me despedir dele lá e entregá-lo ao atendente, que, eu percebo, já está encantado pelo cão.

Beau volta parecendo muito melhor. É só quando o vejo na manhã seguinte, na sala de espera de Frank, maior, brilhando com toda a água que recebeu, que percebo quanto ele murchou. Quando vemos as coisas acontecerem gradualmente, é claro, dia a dia, é difícil avaliar até onde chegaram. Paul e eu falávamos como se houvesse esperança, porque parecia necessário para nós fazer isso juntos, como se dizer o que ambos sentíamos abaixo da superfície fosse perigoso demais... como se tornasse a condição dele mais real, como se a solidificasse em palavras.

Mas agora nos surpreendemos com a boa aparência de Beau, e a esperança que nos esforçamos para não sentir começa a crescer.

Iniciamos o regime alimentar, que significa ferver grandes quantidades de arroz para guardar na geladeira e misturar, na hora da refeição, com tentações variadas. Há uma ração para cães com fórmula especial, à venda na praça, mas ela tem uma densidade e um peso que sugerem uma espécie de massa para modelar, e nunca conseguimos convencer Beau de que é boa. Visitamos regularmente a clínica de Frank para exames de sangue, e logo fica claro que Beau é o cão mais popular no local. Ele é bem recebido por todos, cumprimentado com carinho, e até anda de uma sala para outra sem trela; quando alguém diz "Venha comigo", ele segue a pessoa trotando, e parece contente em permitir os procedimentos necessários, como se estivesse orgulhoso de si mesmo e dedicado a manter sua reputação.

Mas ainda tem aquele tremor engraçado numa perna, de vez em quando.

Frank o coloca num tratamento de esteróides, injeções que vão começar a substituir parte do músculo que ele perdeu. Brincamos que Beau está se tornando um garoto de Chelsea, pronto para uma festa no circuito. Depois de uma semana ou dez dias, vemos que está funcionando: Beau começa a se mover com mais energia, se parece mais com seu velho ser, para alegria de Frank. É aí que eu compreendo que o sujeito é um artista; é isso que ele faz: animais em melhor forma, felicidade humana. Sempre que vou ver Frank ele me conta uma história: um cachorro agredido e abandonado que ele tratou, uma ave que caiu morta em suas mãos, seu primeiro mês depois da faculdade de veterinária. Seu trabalho é, além de médico, narrativo; ele está tecendo uma série de contos, histórias de educação e restauração.

Frank também tem tecido algumas histórias literalmente; ele me conta em uma de nossas conversas, quando descobre que sou escritor e professor, que escreveu um romance, uma história policial com um veterinário-detetive. Sou tão grato pelo que fez por Beau e por toda a atenção carinhosa e constante de sua equipe que me ofereço para ler o livro.

É sobre um veterinário de cidade pequena, que entremeia os relatos da perseguição de um assassino com capítulos contando os encontros com determinados animais de estimação. Há um pássaro impossível de diagnosticar, gatos recalcitrantes e cães de grande coração e persistência; as histórias do veterinário são deliciosas e inconfundivelmente reais; a parte do detetive é... bem, não é minha preferida. Eu devolvo o manuscrito a Frank e o encorajo, e ele confessa que a história do assassinato só está lá para interessar o leitor. Eu lhe digo onde ele pode se matricular num curso de redação de memórias, e ele fica contente como uma criança por eu realmente achar que ele deve fazer isso.

Uma das funções do veterinário é constantemente restaurar a esperança, recuperar a possibilidade do companheirismo, fazer um palco sobre o qual o amor possa continuar.

A esperança realmente pode ser vã, podemos ser prejudicados pela esperança? Obviamente, há esperança que nada significa em termos do resultado pretendido, da cura esperada, do objetivo desejado. Mas essa esperança é vã, é simplesmente perdida? Ou podemos dizer que de certa forma ela faz uma contribuição à alma, como se recebêssemos uma versão interna daquelas injeções de esteróides, uma dose de força?

A esperança é um fermento, faz as coisas crescerem sem esforço. Às vezes avancei sem esperança, quando Wally estava doente e morrendo, e não havia nada no mundo a fazer além de suavizar seu caminho. Sem esperança, você se firma e faz o que é preciso fazer nessa hora, não espera a próxima semana. É de certa forma como escrever sem qualquer expectativa ou crença de que o texto será lido, mas pior, pois até uma Dickinson que esconde seus poemas em pastas costuradas à mão espera que, em algum momento desconhecido, seu tesouro seja encontrado, suas palavras sejam lidas. Desespero significa fazer o que tem de ser feito sem pensar no futuro.

Começar a acreditar que Beau poderia... não ser curado, mas viver bem por um bom tempo, é uma coisa boa, não é? Um gesto de fé? Nossa tentativa não o prejudica, e houve aquele surto de melhora que fez Paul e eu acreditarmos que ele poderia...

E é como se Beau também sentisse isso, especialmente num dia no parque dos cachorros. Ultimamente ele senta e olha, quando costumava caçar energicamente a bola de tênis ou correr com o bando. Gradualmente, ele não se entrega mais ao grupo, incapaz de confiar em sua antiga força, e cada vez mais é apenas um observador. Mas um dia, depois das injeções, ele se aproxima com interesse quando alguém atira uma bola, e então, em vez de deixar que o ímpeto morra, ele se projeta à frente, num incrível impulso de energia e velocidade, um olhar surpreso na cara, como se não soubesse que ainda podia fazer aquilo, como se ele mesmo tivesse se enchido de esperança ao descobrir que seu corpo ainda pode voar.

Tão diferente do que eu vejo algumas semanas depois, quando estamos a caminho de Nova York. Uma indicação para lecionar na Universidade de Nova York inclui um grande apartamento no Village, e eles permitem cães lá. Ficamos em Provincetown por algumas semanas, passamos dezembro em nossa velha e amada casa; as luzes que enfeitam a torre do Monumento descem o morro e circundam a baía, uma dose do frio Natal da Nova Inglaterra. Estou sozinho com os cachorros na mata que conhecemos bem, caminhos que circundam a praia, bosques de carvalho e pedaços de duna, e viramos para seguir uma trilha conhecida, uma encosta que Beau subia correndo no ano passado. Ele começa, como se seu corpo abrisse caminho, e de repente há uma hesitação e ele pára, os ombros se abaixam e ele desiste da corrida morro acima com o que parece ser um suspiro de resignação, uma desistência. O morro é demais. Pegamos um caminho plano para casa.

Entreato

Foto antiga

Há uma foto tirada anos atrás: Arden e Beau correm pela Pearl, a rua em Provincetown onde moramos por tantos anos. Não me lembro de tirar essa foto, mas eu devia estar no final da rua, perto da baía; na subida coberta de neve, as costas dos cachorros, as caudas emplumadas no ar, uma preta e uma dourada. A Rua Pearl faz uma curva ascendente a partir do porto; diz a lenda que é curva porque nos velhos tempos, quando por ali eram empurradas carroças cheias de bacalhau salgado, era mais fácil galgar a duna baixa se o caminho não fosse em linha reta. A curva se tornou permanente e é ladeada de casas que, nos quinze anos que aqui vivemos, viram grandes mudanças. Aqui morava Bill, e aqui a idosa viúva de um pintor; aqui era a pousada dirigida por Hans, que vivia em devoção a seu namorado turco, que pegava o ônibus para fazer compras em Hyannis e desembarcava falando sobre as lindas jóias que tinha visto no shopping. *Aqui vivia Franco, que no final da vida transformou parte de seu apartamento numa galeria de objetos* art déco. *Aqui morava Antony, na minha casa preferida, um pequeno sobrado em estilo holandês cujas telhas ficaram cobertas de limo. Antony nascera aqui, e viveu seus dias nesse lugar minúsculo, consertando violinos e cuidando de uma série de* springer spaniels. *Quando o conheci, ele já era idoso, mas ninguém poderia parecer tão velho quanto seu* spaniel, *um animal espetacularmente antigo, de pêlo embaciado, que gostava de ficar deitado no quintal como um tapete arruinado. O próprio Antony parecia embaciado; o mesmo suéter da marinha, inverno e verão. Ele estava totalmente surdo, mas adorava conversar com qualquer pessoa que o escutasse. Segundo contavam, sua mãe era profundamente dedicada à escovação e à limpeza do corpo, e, quando ela morreu, Antony renunciou para sempre a essas práticas. Quando a máquina de lavar despencou pelo velho assoalho da casa, lá no porão ela ficou.*

Agora a casa de Antony foi estripada e reformada, equipada com iluminação indireta e uma nova janela enorme para abarcar a vista; as telhas com limo foram levadas para o depósito de lixo – como também foram levados o último cachorro de Antony e depois o próprio Antony –, e as telhas novas brilham com uma espécie de verniz ameixa-achocolatado. Tudo reluz como um doce vagamente perigoso. Há um lago japonês e um chafariz. A velha casa de Billy foi reformada para grupos de elegantes veranistas de Boston e Nova York, cujas festas vazam pelas novas portas-balcões até as escadas. A antiga pousada de Hans ganhou janelas, nome e varanda novos e foi pintada de azul-água. Mais tarde, revendida, ganhou um vermelho de tom estridente. Da experiência comercial de Franco permaneceu por vários anos uma estranha lâmpada ao lado da antiga porta da loja, marcada com um desenho anos 1930 que não teria significado se não se soubesse o que ela iluminava, mas ela também se foi.

Detesto as loucas reinvenções do tempo na minha rua e tento lembrar que, é claro, elas já aconteciam muito antes de eu chegar aqui e que eu mesmo peguei uma casa velha – que era cor de lavanda, com alguns íris espalhados na frente – e a reformei segundo minha imagem de uma casa velha no cabo. Plantei rosas onde uma alma mais empedernida se contentaria com grama. A reinvenção física do mundo é interminável, incansável, fascinante, exaustiva; nada que parece sólido o é. Se você pudesse se afastar só um pouco no tempo, como a realidade física seria fluida e mutável, tudo se apressando em alguma outra forma, até o concreto, até a pedra.

Mas na foto meus dois príncipes ainda saltam pela rua, andando em sincronia, como costumavam fazer, na escuridão do início do inverno que apenas começa a aprofundar-se, rumando por uma neve que impediu todo o tráfego e abafou a cidade, de modo que não há som, mas um vento fino e lambidas das ondas, o tilintar de alguma corrente de barco encalhado e as pegadas dos cachorros rumando para uma toalha seca, para limpar a neve derretida que esfria seus casacos, para o jantar e depois o longo ritual de lamber as patas, limpar o resíduo de umidade e depois dormir numa casa aquecida, enquanto a noite envolvente desce.

Capítulo 10

"Como pode alguém esconder-se daquilo que não tem ocaso?", escreveu Heráclito.

A morte está sempre presente... espiando de dentro do bolso, no encaixe do osso, na sombra da fotografia, na mancha na íris de um olho vivo, no azul profundo embaixo de uma onda. Nunca desaparece, só da mente, e como aprendemos a viver com uma pressão tão corrosiva? Cada vez que penso que sei, a morte ri de mim e puxa o chapéu escuro um pouco mais sobre meus olhos, pega minha mão e me conduz firmemente para o que devo ver: lembranças, indícios, *memento mori. Vanitas.* A bolha estoura, o pavio se apaga, as órbitas dos olhos no crânio se enchem de uma escuridão fragrante com a fumaça daquela vela apagada.

Quando jovem, tive um sonho que nunca esqueci. Eu havia ido com um amigo para um retiro de meditação nas montanhas, no deserto perto de Tucson. Tínhamos dezesseis ou dezessete, entusiasmados com as possibilidades da transcendência. (Isso é irônico, em retrospectiva; não conhecíamos o mundo o suficiente para querermos nos elevar acima dele. Acho que o que queríamos transcender era a adolescência.) Acreditávamos que a técnica de meditação que praticávamos nos levaria, como nosso professor disse, de modo direto e indolor às portas da iluminação, mas com muito tempo para aventuras no caminho.

No retiro, passávamos as noites escutando palestras gravadas na Índia e fazíamos perguntas aos professores que estavam ali conosco em carne e osso. Depois havia uma sessão de meditação em grupo na qual alguém sempre tinha acesso de riso que se propagava em ondas contagiantes; certa noite, uma garota na minha frente se dissolveu em risos que eu senti me atingirem em ondas tolas e deliciosas. Ela virou-se para mim, ainda rindo, com lágrimas nos olhos. "Desculpe", disse, "deve ter sido aquela última viagem de ácido...", e então nós dois rimos ainda mais forte. De dia, praticávamos séries de ioga, exercícios de respiração e sessões de meditação. Depois de algumas dessas rodadas, eu me sentia num êxtase tão intenso que simplesmente adormecia. Sentia-me cristalino e profundo como um poço; uma pedra que deixassem cair em mim desceria por um tempo longuíssimo.

Mas uma tarde esse sonho me veio com o tipo de gravidade e clareza alucinatória que poucos sonhos têm durante uma vida. Eu estava num barco a remo em um mar extenso e plano, sob um céu imenso onde se juntavam nuvens brancas; o barco movia-se lenta e inexoravelmente, conduzido por um esqueleto que mantinha o ritmo constante. Comecei a olhar diretamente para o rosto do meu barqueiro, ou para o lugar onde existira seu rosto. Meu ponto de vista - agora eu era a lente de uma câmera - estava cada vez mais próximo do crânio, que parecia enorme, do tamanho de uma daquelas nuvens imensas, e, quando olhei as órbitas escuras daqueles olhos, fiquei súbita e completamente aterrorizado, porque através daqueles buracos só vi a grande extensão do céu; não havia nada lá, atrás deles, a não ser o grande vazio do mundo. Acordei gritando. Meu amigo se assustou e entrou correndo no quarto para ver se estava tudo bem. Eu lhe contei meu sonho. "Cara", ele disse, "você está realmente liberando a tensão."

Imagino agora se aquele sonho me veio como uma espécie de corretivo, uma visão equilibradora para servir de contrapeso à afirmação bastante desqualificada que nossas aulas de meditação sugeriam; simplesmente liberte toda a sua tensão através da prática regular do mantra, nossos professores incentivavam, e chegarão à unidade, à completude, ao êxtase. Talvez. Mas o grande crânio ameaçador tinha outra coisa a dizer. O que você é, ele parecia insistir, é ar; abaixo do ser sólido estão os ossos, e abaixo dos ossos simplesmente o grande vazio, limpo e sibilante. É o outro pólo da vida, a negação que vive abaixo do sim; o violento e gélido sopro de silêncio que há no centro da música, a precisão rígida do crânio abaixo do rosto do amado. A pequena e fria lâmina metálica do inverno na boca. Não somos completos, ao que parece, sem provar dessa escuridão; o ser carece de gravidade sem o empuxo do vácuo, do chão árido, do campo vazio do qual ele brota.

Mas o problema do depressivo não é a ausência de gravidade, é a incapacidade de ver - e no limite sentir - qualquer outra coisa. Cada perda parece acrescentar uma espécie de peso ao corpo, como se ele usasse um arreio no qual as exigências das circunstâncias colocam primeiro um peso e depois outro: minha mãe, meu namorado, esta casa, aquele jardim, uma cidade que conheci, meu reflexo jovem e esperançoso no espelho, um professor amado, uma castanheira no pátio da Casa de Encontro Universalista. Eles não têm, é claro, o mesmo peso; há perdas em casa e perdas que ocorrem a certa distância; seu peso não é distribuído racionalmente. Meu avô, que eu detestava, pesa menos para mim na morte do que, é difícil admitir, meu primeiro jardim de verdade, que foi conquistado a duras penas, arrancado do solo de Vermont com pedaços de granito, uma espécie de prova inicial da possibilidade do que o amor poderia fazer, que tipo de florescência o trabalho de cuidar de uma casa poderia engendrar. Às vezes pareço chocalhar com minhas perdas acumuladas, como se usasse uma armadura dolorosa e desmedida.

Houve um tempo em que esse peso me dava forças; impedia-me de ser leve demais; carregá-lo comigo e conseguir funcionar ao mesmo tempo exigia o desenvolvimento de músculos, de novas forças. Mas há um ponto em que a armadura se torna um estorvo, algo que nos impede de subir escadas ou levantar rapidamente para cumprimentar um amigo; tornamo-nos cada vez mais conscientes do simples fato desse peso.

E então, em certo ponto, lá está a coisa, a coisa terrível, que poderia na verdade ser a menor das perdas: a de uma determinada espécie de esperança, a da crença de que poderíamos, de alguma maneira fundamental, mudar. Da crença de que um novo lugar ou um novo emprego irá revigorar o espírito; da crença de que o novo trabalho que você está fazendo é o melhor, o mais vivo e verdadeiro. E aquela perda, seja qual for, de poder determinado não por seu horror particular, mas meramente por sua localização na seqüência de perdas que é qualquer vida, passa a ser a que torna insustentável a pesada armadura. É a última peça do conjunto da armadura, a placa fechada sobre o rosto, o capacete através do qual mal se pode enxergar a luz do dia ou inspirar uma boa golfada de ar.

Como enfrentar o vazio no fundo do crânio que eu vi quando tinha dezesseis anos?

Os budistas tibetanos têm uma espécie de solução, ou pelo menos algo que me sugere uma solução: um funeral celeste. No nível mais material, é uma maneira de lidar com o problema de enterrar os mortos em uma paisagem de pedras geladas, onde cavar está mais ou menos fora de questão. É assim que funciona: quando uma pessoa morre, depois da vigília ao corpo e das orações para suavizar o trajeto da alma na transição entre os mundos, é hora de dispor da carne. Há homens chamados *tomden* que têm a tarefa específica - impossível para os mais delicados - de fazer o trabalho. O cadáver é levado para um penhasco especialmente escolhido, e uma fogueira de pinheiros é acesa para atrair os pássaros. O *tomden*, uma espécie de açougueiro espiritual, desembrulha o corpo e o corta até os ossos. O tempo todo os abutres se reúnem e observam, pois eles têm séculos - milênios? - de lembranças. Eles baixam. "Comam, comam", grita o *tomden*, e em pouco tempo toda a carne some. O *tomden* caminha entre os abutres e desmancha o esqueleto, atirando ossos às aves; depois, com um machado de pedra, quebra os ossos que restaram. Ele esmaga o crânio, mistura os fragmentos com farinha e chama de novo as aves, e dali a pouco o corpo desaparece, absoluta e completamente. Onde havia o fato físico de uma pessoa, agora há asas, ar, vôo, o ruído e a pressa da passagem. É uma declaração de enorme poder. De que o corpo é quase nada: evanescente, consumível. De que o corpo retorna ao mundo, devolvido. De que a resposta apropriada à morte poderia ser, de fato, uma espécie de abandono: deixar o que havia de ágil e animado em nós voar livremente, e atirar o que restar aos ventos, às chamas da fome, aos mecanismos do apetite.

Isso é tudo o que vale um corpo, joguem-no fora!

Poderíamos adotar essa atitude em relação à perda? É claro, tudo perece, poderíamos dizer, por que não? Eu, você, seus amados, nossas aspirações, nossas posses, tudo se esvai, então solte-os, abandone-os, siga adiante com ousadia neste momento do mundo, nesta arena de carne.

Tudo morre, porque o mundo é apenas uma máscara em constante mutação para a profunda e selvagem energia da vida, velando-se repetidamente como matéria, tomando forma para expressar a natureza dinâmica de seu caráter, mergulhando na matéria e voando para o alto - como se no ventre de um abutre - novamente em enérgica vida.

Não é uma espécie de negação revigorante? Ah, mande tudo para o inferno, é claro que vamos morrer. E agora?

A abordagem oposta ao desligamento radical do funeral celeste é agarrar-se com todas as forças ao mundo. Acho que provavelmente a maioria das pessoas oscila continuamente entre essas duas abordagens - ligação e abandono, movimento enérgico e a imobilidade do firme agarramento. Estes têm sido os dois pólos da minha vida: estar, de um lado, absolutamente sem controle, como uma palha flutuando nas águas do tempo e da contingência. E, de outro, tentar com todas as forças agarrar-me, recusar a perda, tentar não admitir a morte e a decomposição, fazer toda a força que eu puder contra a corrente. Ser humano é isso, não é? Conectado e sempre prestes a se desconectar, preso e livre, carregado e sem peso. Uma sensação de imensidão contraposta a uma ligação quase insuperável com o íntimo.

Essa situação de polaridade, de pontos de vista irreconciliáveis, está contida em um pequeno poema - apenas cinco linhas curtas, mas com palavras! - de um guerreiro japonês, Fuse Yajiro. Foi escrito no mês anterior à sua morte.

"Vistos de fora
da criação
terra e céu
não valem
uma caixa de fósforos."

Yajiro tem o desligamento revigorante de um funeral celeste; o que poderia ser mais efêmero, mais facilmente substituível, do que uma caixa de fósforos? Mas as primeiras duas linhas do poema são cruciais: é a perspectiva de alguém que já deixou o mundo, que está fora, olhando para dentro. E, é claro, a verdade é que o poema de Yajiro foi escrito por um homem vivo, e não por um morto; ele pode já estar vendo seu retorno à terra dos frios reinos do espaço, mas ainda está aqui, incorporado, ainda capaz de colocar tinta numa página. Portanto, sua visão se estende do infinito - as frias expansões do vazio - ao infinitesimal: o simples fato físico de uma pequena caixa de fósforos.

Aqui dentro do mundo, é claro, terra e céu são tudo, e, na verdade, para um homem com frio ou alguém morrendo de vontade de fumar um cigarro, uma caixa de fósforos poderia ser preciosa. A questão é que Fuse Yajiro vive, em seu último mês de alento, em dois lugares ao mesmo tempo, em dois planos. Talvez esse paradoxo tenha sido simplesmente aguçado pelo advento de seu fim; talvez essa perspectiva dupla seja onde ele sempre viveu. O que poderíamos fazer senão amar o mundo e também compreender que ele é meramente uma concatenação de poeira e faíscas?

Mas eu perdi isso de vista, e assim descobri o caminho para um meio alternativo de lidar com essa teimosa escuridão vazia: adoeci. Depois de anos de resistência, de buscar a afirmação, de imaginar que sempre deve haver um caminho a ser encontrado, um meio possível de negociar contra o desespero, meu coração falhou. Ou, para mudar a metáfora, poderíamos dizer que o que partiu foi minha coragem, ou minha garra, minha tenacidade ou minha capacidade de auto-ilusão. Eu estava me aproximando do zero, e foi assim que cheguei lá.

Entreato

Ponto zero

O pior momento da minha vida aconteceu no ferry *de Staten Island. Ninguém soube. Foi totalmente invisível, pois ocorreu em um nível interior, abaixo da superfície, e me aterrorizou tão profundamente que nunca falei sobre isso, nem mesmo com Paul.*

Janeiro de 2001, estamos em Nova York há algumas semanas e levamos os cães no carro para passear em Sandy Hook. Trata-se de um promontório desabitado no litoral de Jersey que aponta para o porto de Nova York, um lugar lindo e selvagem de dunas e mato, florestas costeiras. As trilhas estão nevadas nas bordas, o ar crispante de sal, gelo e pinheiros, e os cachorros adoram.

Todos os dias fazemos nosso ritual da tarde: Beau e eu entramos no quarto e nos sentamos em silêncio, e dali a pouco eu furo um ponto da pele entre suas omoplatas com uma seringa e deixo a maior quantidade possível de um saquinho de fluido transparente gotejar sob sua pele, alimentando seu corpo. Tornou-se uma espécie de hora da meditação; é horrível, mas tento criar para ele uma tranqüilidade, uma meia hora de companhia. No entanto, ele parece fraco e cansado. Arden também está um pouco assustado em Nova York. Todos os dias pegamos o elevador e descemos ao saguão, caminhamos por Washington Square e entramos na surpreendente arena do parque canino, um local de fascínio para os cães, mas sem dúvida de certa tensão, também; será um pouco demais para eles agora aquela vida tão agitada e barulhenta?

Seja como for, eles adoram Sandy Hook. Correm pelas trilhas, farejam a neve, rolam no chão. Parecem os cães dos velhos tempos, animados e esportivos no frio. Quando chegamos à praia, Beau encontra um tesouro de conchas de mariscos, as carapaças grandes e vazias, e começa a mastigá-las impetuosamente, esmagando-as com os dentes. Haverá ali algum mineral de que ele necessita? Eles estão cansados mas evidentemente revitalizados na hora de partir: Beau salta na traseira da perua, Arden coloca as patas dianteiras na portinhola para que eu faça o resto.

Pegamos o cruzamento de Outerbridge até Staten Island e depois o ferry *para voltar a Manhattan, deixando o carro no bojo do barco (ninguém poderia saber que dali a nove meses isso não poderia ser feito, que o terror que atacaria Nova York tornaria impossível essa viagem de carro). Nós quatro subimos para a proa do barco, e apesar do frio ficamos do lado de fora, observando a água cinza-escura e tumultuosa por cima do parapeito, e os cachorros também olham pelas aberturas na lateral do parapeito sólido, que emolduram quadrados de água veloz e espumante.*

Estou olhando para Beau, que espia pela abertura, as narinas e os olhos fixos na água lá embaixo, e depois volto à linha do horizonte, onde a água cinzenta encontra o céu um pouco menos cinza, e é nesse exato momento que algo se rompe em mim.

O propósito da poesia, já se disse, é trazer mais do indizível ao mundo das palavras, mas a poesia me falha na tentativa de evocar aquele momento. É o peso de cada dor que venho carregando. É o modo como me enrijeci para sobreviver à morte de Wally, durante os anos de sua doença, a morte cujo sexto aniversário será dali a alguns dias. O modo como me esforcei para seguir em frente, decidido a ser forte para continuar. É a maneira como me apaixonei por Paul e tenho amado meus infelizes cães, que envelhecem, participando do mundo dos vivos enquanto meu coração continua nas sombras, voltado para sua própria ferida. Não importa que seja um milagre, em meio à grande epidemia do meu tempo, o fato de eu ainda estar aqui. Tenho quarenta e sete anos; estou na encosta descendente da meia-idade, consciente das mudanças em meu corpo e meu rosto, espelhadas nos animais que envelhecem. É uma vida de fingir ser forte, dizendo que não serei submerso – não pela bebida de minha mãe ou pelo afastamento de meu pai, meu péssimo casamento ou as probabilidades contra os gays*, ou a simples luta diária de estar no mundo –, nada disso vai me deter, foi o que sempre pensei, foi como agi. E é por isso que agora, neste* ferry *velho, em um frio anoitecer no início de janeiro, a cidade e suas torres aparecendo em detalhes cintilantes à nossa frente, estou prestes a ser derrubado por uma onda de vulnerabilidade tão grande que não conseguirei me reerguer.*

Ah, sim, conseguirei, por fora. Não farei o que tenho vontade de fazer, que é, mortifico-me de admitir, afogar-me com meu cachorro. Posso ver muito claramente: quero pegar Beau em meus braços, abraçar com força seu corpo cada vez mais magro e subir no parapeito, encostar meu rosto ao pescoço dele e apertar bem, quando atingirmos aquela água fria, para que ele não sofra, mas mergulhe no frio comigo. Nunca em minha vida quis tanto morrer, nunca senti tão pouca resistência a esse impulso.

Isso acontece quase sem palavras. Não articulo o que está me acontecendo, não posso, não conseguiria mesmo que tentasse. Meu impulso é me encerrar em torno desse momento que não entendo e que me aterroriza. Não faço nada para me prejudicar, e juro que é principalmente porque, se eu saltar, como saberei se meu querido menino realmente se afogará comigo? Será que ele desejará viver, nadará até onde conseguir, e assim sofrerá? E, é claro, há a questão do homem ao meu lado, que segura a trela de Arden, que me ama e gostaria de ter um futuro, e a quem não quero magoar com uma ruptura tão brutal, impensável. Não sei se ele percebe alguma coisa, o cataclismo dentro de mim, que escondo porque me assusta muito. Ali, naquele momento, minha vontade sucumbe.

E então o ferry *atraca e voltamos para a Rua Thompson, estacionamos o carro na garagem e, no apartamento, damos a cada cão a tigela com sua dieta especial, depois vamos jantar em algum lugar no Village.*

Capítulo 11

Talvez minha vontade esteja esgotada, mas tenho coisas para fazer. Na segunda-feira de manhã, Beau tem consulta com o doutor Cain, então saímos por nosso conhecido trajeto pela Rua 9 Leste, mas há algo estranho no passo de Beau. Ele está bem quando nos movemos, mas, ao pararmos numa esquina para esperar o farol mudar, aquele tremor na perna traseira direita que eu notara em Houston volta, e pior: ele não parece muito equilibrado.

O brilho escuro daquele andar fica na memória. Manhã cinza vitrificada, gélida e cortante, de certo modo todos os detalhes salientados pela luz de janeiro. Cada bendito elemento daquele bairro, o perigoso arame farpado enrolado sobre o andaime, o brilho do asfalto onde o gelo derreteu, camadas de cor sobre uma porta coberta de tinta *spray*, apagada, pintada de novo. Estranho resto de lixo na sarjeta – tudo são sinais, arranjados, apresentados, radiantes. Como se eu estivesse vendo mais perto dos olhos de Beau, os sentidos escancarados, a visão modificada pela consciência do limite?

Consciência do limite. Uma hesitação no andar, uma expressão nos olhos, algo provisório. O oposto daquela experiência no parque, quando, com os rins lavados pelos fluidos irrigantes do veterinário, os músculos se refazendo depois das injeções de Winstrol, ele subitamente se encheu da consciência de sua própria força.

O que significa dizer que um cão tem consciência do limite? Essa pergunta é quase o cerne de nossa vida com os animais; o quanto sabemos do que eles sentem, em que grau uma descrição é uma questão de distorcer sua animalidade em um espelho de nós mesmos?

Certa vez fui dar uma palestra numa faculdade distante e conheci um cão-guia chamado Hammer, um *golden retriever* de inteligência notável. Ele conduziu o carrinho elétrico de sua dona pela rampa íngreme do corredor até a beira do palco; ali ela escutou minha palestra, enquanto Hammer descansava no chão, entre as rodas. Mas, na hora de sair, o corredor não era largo o suficiente para que o carrinho desse meia-volta, e ela não conseguiria levá-lo de ré naquela longa rampa.

Então Hammer segurou com os dentes uma corda amarrada à traseira do carrinho e começou a andar para trás, desajeitado, numa linha muito reta, puxando-o até a entrada do auditório. Era a última coisa que um cachorro faria "naturalmente", andar para trás por doze metros em linha reta, puxando um peso. O que me surpreendeu talvez não tenha sido tanto o fato de que Hammer fora treinado para fazer coisa tão improvável, mas que ele acreditasse na sua absoluta importância, na necessidade de acertar. Esse ato silencioso parecia o triunfo da vontade e da decisão.

Aqueles que não acreditam na personalidade ou na inteligência animal provavelmente terão desistido destas páginas há muito tempo, e com eles seguramente distantes posso relaxar e afirmar friamente que os olhos de um cachorro podem brilhar de inteligência, preferência, temperamento, avidez, lembranças, afirmações de desejo. De todo modo, se a linguagem é uma metáfora, um sistema de signos agregado sem muita firmeza ao real, então as palavras apenas indicam de forma imprecisa nossos próprios sentimentos, e também podem indicar com a mesma inexatidão os dos cães.

Um *golden retriever* é perfeitamente capaz de caminhar por uma cidade ciente de que lhe restam poucas dessas caminhadas, e tenho certeza de que sua visão poderia assim ser intensificada, tornando-se mais pungente. E também tenho certeza, oriunda de alguma alquimia de relacionamento que ocorre entre os que vivem juntos durante anos, de que o companheiro humano poderia igualmente desenvolver algo parecido com a visão canina e absorver parte daquele brilho que a morte deve emprestar à maneira pela qual o animal sente o mundo.

O doutor Cain observa com preocupação a aparência minguada de Beau, e então nota o desequilíbrio. "Isso não é doença renal", ele diz. "Há alguma outra coisa, algo neurológico. Um tumor cerebral?"

Antes o doutor Cain sempre sugeria opções, mesmo quando eram improváveis ou extremas. Para os problemas dos rins, ele tinha explicado, havia um procedimento no Centro Médico de Animais, no centro da cidade, um transplante. O custo seria algo como trinta mil dólares por rim, e até eu, que sou totalmente dedicado aos meus cachorros, acho isso o fim; como justificar esse gasto para prolongar a vida de um animal diante de tanto sofrimento no mundo? Essa cirurgia não traria ainda mais sofrimento? E de onde vêm esses órgãos?

Mas para essa nova dificuldade o doutor Cain não apresenta opções. Ele diz: "Isso pode progredir muito rapidamente".

Ó sombra luminosa, espírito amigo, não poderias vir agora e levar a luva negra de minha narrativa?

Estamos voltando para casa, virando na Lafayette, quando a instabilidade na perna de Beau fica claramente pior, ele manca um pouco na direção de um prédio e, bem ao lado de um daqueles alçapões de metal na rua, que foi aberto para uma entrega de arroz, feijão ou sabe-se lá o quê, ele cai. Tenta de novo e não consegue se levantar, por isso simplesmente fica deitado, olhando para mim.

Eu me ajoelho ao seu lado e tento me fazer forte, mas começo a chorar. Algumas pessoas nos notaram; uma mulher bondosa diz: "Posso fazer alguma coisa para ajudar?". A maioria dos habitantes de Nova York gosta de cachorros, como se fossem gratos pela presença animal no reino anguloso de concreto em que vivem. Eu agradeço às pessoas que param, não, ele está só passando por um mau momento, eu digo, mas sei que o problema está escrito em letras grandes no meu rosto, e a mulher continua andando, com um pequeno suspiro e um olhar que reconhece nossa triste situação. O que vem crescendo em mim é a dor louca do *ferry*, mas não há nada que eu possa fazer além de afastá-la, às onze da manhã, numa calçada em frente ao Public Theater, e levantar Mr. Beau nos braços, carregá-lo como os pastores carregavam um cordeiro desgarrado nas imagens da bíblia da minha infância. Seguimos para o apartamento, com muitas paradas para descansar meus braços.

Aquela hora de chumbo no *ferry* de Staten Island... por que foi que eu olhei para Beau e soube com absoluta clareza que ele morreria em breve? E como é que alguém chega ao fundo do poço e continua em frente, mais ou menos como se nada tivesse acontecido? Na verdade, eu poderia ter feito aquilo se não tivesse pensado que lhe causaria sofrimento, que ele era um bom nadador, que tentaria por muito tempo ficar na superfície, e então seu afogamento seria lento e horrível. Ou, pior, que ele não iria embora, ficaria circulando, tentando me encontrar. Eu não poderia fazer isso com ele.

Nem poderia fazer isso com Paul, apesar de eu ter avançado tanto na visão estreita do meu sofrimento que era difícil ver os outros. Fiquei surpreso quando mostrei a Paul uma reportagem sobre alguém que tinha saltado na frente de um trem em Hoboken e a primeira reação dele foi: "Oh, é tão cruel com os outros, fazê-los passar por isso!". Eu realmente nem tinha pensado dessa forma. O narcisismo da depressão é um buraco com paredes muito íngremes.

E, do fundo do poço, eu reagi plenamente, completamente, contra a ausência de esperança. O que é que nos segura? De alguma forma, minha fé nas ligações humanas, minha crença nos laços que nos unem a todos, não estava lá. Só havia o amigo silencioso e arfante aos meus pés, que continuava olhando para a marola apressada pelo buraco no parapeito de ferro; naquele dia, foi aquela confiança que me manteve no mundo.

Dramatizo? Quando digo que quero me afogar é porque estou buscando alguma saída onde ela não existe, algum escape do mundo tal como se constelou ao meu redor. Eu não me mataria, mas o desejo, o dizer esse desejo... esse é o gesto que revela a verdade e dirige uma luz para a abertura do espaço aparentemente sem fundo:

> "E então um esteio da razão se partiu,
> e eu caí, caí sem parar –".

Na terça-feira, o impensável: há algo errado com Arden. Ele mal tocou o desjejum, e agora não se mexe; escolheu um lugar do chão do quarto e não se move. Nós o chamamos para passear, chegamos a pegar a trela e lhe mostrar, e ele a olha com um olhar vago e não se move. Dali a pouco ele se muda para outro lugar no chão, bebe um pouco de água, e é só. Ele nunca agiu dessa maneira na vida.

Seria uma espécie de doença em simpatia por Beau? Ou aconteceu alguma coisa em Sandy Hook? Será que aquela corrida louca pelas dunas nevadas forçou os cães além do limite, levou-os a um precipício no qual já estavam destinados a cair?

Na manhã de quarta, Beau faz seu último passeio com Paul, mancando, pelo pátio das Silver Towers, o prédio vizinho, onde são um pouco mais amigos de cachorros, e o picasso enferrujado domina o gramado coberto de neve, uma escultura monumental que parece meio mulher e meio *afghan hound*. Arden não se mexe; então concluímos que ele está seriamente doente. Seria possível que estivéssemos a ponto de perder os dois cachorros ao mesmo tempo?

Impossível pensar em levar Arden ao veterinário. Ele está imóvel e inerte, e Beau, que agora não se levanta mais, também precisa de atenção. Então o doutor Cain concorda em vir à nossa casa na sexta-feira de manhã. Ele chega com uma enfermeira, o modelo de eficiência ríspida, mas como sempre o comportamento dele é exatamente sua maneira de oferecer ajuda e compaixão. Há algo estranho no apartamento – que já é um lugar emprestado, não nossa casa, mas um espaço que pertence à universidade, mobiliado de forma impessoal para visitantes –, que agora se transforma em consultório veterinário.

Beau, deitado no chão, no lugar onde fixou residência, como um *greyhound* esculpido em repouso, bate o rabo no chão quando vê o doutor Cain e a enfermeira, mas é claro que não se levanta para cumprimentá-los. O doutor Cain tenta colocar Beau em pé para examiná-lo, mas é impossível; ele cai assim que é erguido. O pobre Arden não se mexe, a cabeça colada ao chão, os olhos vidrados, quando o médico levanta suas pálpebras com o dedo. Arden tem febre alta. Quase nos esquecemos daquele exame da doença de Lyme, e na verdade ele parecia bem; provavelmente o que aconteceu é que a doença dormente irrompeu com força total.

O doutor Cain diz que os dois cães estão seriamente enfermos e que não seria inadequado praticar a eutanásia neles.

Mas há uma chance para Arden, uma injeção para baixar a febre e antibióticos; é difícil dizer como ele reagirá. E Beau, afinal, olha-nos a todos com uma mistura de curiosidade e prazer, feliz por ter companhia; é evidente que não sente mais dor.

Como estará mais tarde? Não teremos ajuda nenhuma durante o fim de semana. Se ele ficar fraco e agonizante, o que faremos? O doutor Cain pode nos dar um punhado de tranqüilizantes fortes o suficiente para que, esmagados em água, ponham fim à sua vida. É tudo de que preciso, essa medida de emergência. Arden toma seu remédio e ganha uma esperança tênue, e nós temos um recurso para o caso de Beau vir a passar por um sofrimento grande demais, para o caso de termos tomado a decisão errada ao deixá-lo viver.

Mudamos para um círculo aconchegante de luz sob o abajur: Beau no sofá, no lugar onde gostava de ficar quando não estávamos em casa, mas onde agora é bem-vindo. Arden no tapete. Paul e eu no sofá, lendo, fazendo companhia, fazendo nada. Um círculo de intimidade. Agora não há mundo fora dessa sala... só uma sirene ou uma buzina de táxi na periferia, mas na verdade mal se pode ouvir isso aqui em cima, com as janelas fechadas. À noite, eu durmo na ponta da longa curva do sofá, apreciando afinal aquela coisa absurda, que parece ter sido desenhada para que uma dúzia de pessoas pudessem assistir televisão ao mesmo tempo. Ou, mais provável, para que uma classe inteira pudesse se sentar quando visitasse o reduto do professor. Dou goles de água a Beau, levantando sua cabeça para que consiga beber. Quando um de nós se aproxima para falar com ele e lhe afaga as costas e a barriga, ele bate a cauda no falso couro preto. É tão incrivelmente familiar o jeito como ele se vai, tão parecido com a doença de Wally! Primeiro o problema de equilíbrio, depois as pernas perdem a força, depois a paralisia, mas aquela tranqüilidade e o espírito elevado o tempo todo, como se não fosse tão ruim seguir esse caminho, algo de delicado no corpo que se fecha gradualmente de baixo para cima. Não tão gradualmente, no caso de Beau; a paralisia já subia pelo torso. Nós o viramos de vez em quando para impedir que os pulmões se encham de líquido. Nós o afagamos e olhamos em seus olhos, falamos com ele. Eu sou bom nisso, em colocar tudo de lado para viver o momento com os moribundos; tenho prática; há nisso uma profunda intimidade que parece aproximadora, essencial.

No sábado à noite, Arden levanta-se vacilante, arrasta-se em direção à sacada, onde espalhamos uns jornais, e urina por muito tempo. É seu primeiro movimento em três dias; uma maravilha. Sempre pensamos que nosso cão mais velho fosse partir primeiro, é claro, especialmente depois que Tandy Tupper nos falou sobre seu ritmo cardíaco irregular e seu fígado reduzido, mas Arden é um sobrevivente, determinado a ficar, abençoado.

Na manhã de domingo, estou sentado no chão ao lado de Beau no enorme sofá, tomando café. Paul está na outra ponta, lendo um romance de Joy Williams; toda vez que ele ri, Beau abana o rabo. Dali a pouco a respiração de Beau muda e nós dois nos ajoelhamos junto dele. Conversamos com Beau, elogiamos seu focinho, suas patas e sua linda vida, seguramos seu rosto, eu encosto a cabeça em seu ventre e rezo para que vá docemente, tentando enviar toda a força mental que consigo reunir para aliviar o caminho de seu espírito... Cada respiração afunda um pouco menos o seu peito. E então, quando ela fica superficial, de repente ele ergue a cabeça, para cima e para trás, olha diretamente para mim, os olhos se alargam, com uma expressão não de medo, mas de surpresa. Um olhar que, se fosse um texto numa língua que conhecemos, diria *O que está acontecendo comigo?* E a vida sopra dele como um vento, um único suspiro, e termina.

Saio para caminhar depois de algum tempo. Na porta, vejo-me procurando a trela e, embora não haja ninguém para usá-la, coloco-a no bolso. Em pouco tempo estou parado na esquina do SoHo em que, uma semana atrás, Beau captara o cheiro de sopa de um restaurante. Sua reação fora visceral, física, os olhos bem abertos de curiosidade e prazer. Não muito diferente, percebo, daquele último olhar em seu rosto, aquele *O que é isto?*

Agora é como se eu tivesse descido ao chão, atento ao lixo, às poças de urina na rua, coisas na sarjeta. Baixei minha cabeça para uma visão canina da cidade. Está um frio de rachar. Enfio as mãos enluvadas nos bolsos e seguro a trela.

Compro um ramo de ameixeira florido, uma grande aparição

num janeiro urbano. De volta ao apartamento, ele vai para um vaso junto à ponta do sofá onde Beau entregou o espírito, com velas, uma foto dele de anos atrás, correndo pela floresta, as orelhas esvoaçantes.

Entregar o espírito: essa é a melhor frase que temos para a morte. O espírito que há em nós, a *geist* animadora... naquele último instante de alento, juro que ele sobe. Mas nas vezes em que o vi, que foram quatro (três dessas mortes fazem parte desta história), sempre senti que o homem ou o animal que morria estava bem, de certa maneira essencial mas inexplicável, isto é, havia uma bondade inerente à estrutura das coisas, que de certa forma tomava conta dos mortos. É o melhor que posso fazer, aquela sentença bastante estranha, para dizer o que vi quando olhei diretamente para aquele vento.

E você poderia pensar que esse conhecimento seria um tônico para a dor, e suponho que seja, mas só muito brevemente. Aquele momento de percepção intensificada só parece ocorrer por estar muito perto dos agonizantes, por praticamente respirar com eles na hora final. É quando a testemunha pode sentir o vento soprando do outro lado enquanto leva alguém consigo. Mas essa consciência não deve ser mantida, não deve ser trazida para a vida cotidiana, na qual residem a dor e a ausência. Sei que é uma bênção ele não ter sofrido a longa decadência da doença renal, que ele tenha sido levado rapidamente (e até onde posso dizer) e sem dor. Mas quem se importa com bênçãos, agora?

Onde quer que esteja o que sobrou dele, o corpo de Beau está bem aqui, no medonho mundo dos vivos, enrolado numa colcha indiana na sacada, treze andares acima da cidade. Apesar do frio, está bem ali; podemos esperar alguns dias e ver se Arden, que começa a se mexer de novo e bebe água copiosamente, melhora o suficiente para ir conosco a Provincetown, onde enterraremos Beau no jardim em que costumava se sentar para espiar os passantes.

Entreato

Perguntas sobre o tempo

Este é um problema antigo. Antes da criação do mundo, Deus estava só, mas Ele (uso o pronome por mera conveniência, já que não há um adequado) era também onipresente. Para atenuar sua solidão com a criação de um mundo que não fosse Ele mesmo, era preciso haver algum lugar em que Ele não existisse. Segundo os cabalistas, para fazer isso, Ele "retirou-se de uma região de si mesmo".

Qual é a parte do mundo que não contém Deus? Este lugar onde nos encontramos?

Às vezes eu penso que o lugar onde Deus não está é o tempo; esse é o caráter particular da aventura mortal, estar preso ao tempo, e assim chegar inevitavelmente à desolação do limite. Por isso Blake ralhou com Deus: "Se o senhor formou um círculo para nele entrarmos, entre o senhor mesmo e veja como faria".

Mas... Talvez na pressa do tempo, em que tudo gira em direção ao dilema do desaparecimento, talvez seja lá que possamos saber algo do que minha amiga Lucie chama de "um sempre", se é que essa qualidade pode ser encontrada ou mesmo conhecida.

Não tentar olhar para fora do tempo (se é que isso é possível para nós), mas mais para dentro, erguendo nosso rosto para o desaparecimento, para aquela linha vaporosa entre estar aqui e não estar. Poder que anima e apaga: olá e sim, adeus e não.

Olhar diretamente para o vazio atrás dos olhos da caveira.

Deixar-se acostumar àquele vento que sopra lá.

Capítulo 12

É maravilhoso observar a vontade obstinada de um velho cão. Por muito pouco não perdemos Arden, que tem onze anos, mas ele é a personificação da resistência e da persistência, e agora começamos a acreditar que verá seu décimo segundo aniversário. Ele caminha, hesitante, na frente do nosso prédio. Novamente gosta de viajar de carro, a caminho de Provincetown, mas agora se senta atrás e cochila sobre uma manta que colocamos para ele, porque o corpo de Beau está no porta-malas da perua, em nossa longa e triste viagem para casa.

Dali a pouco descobrimos como Manhattan funciona bem para o velho sujeito que Arden se tornou. Ele pode sair até a calçada, deitar-se para descansar e receber a atenção e os cumprimentos das pessoas que passam; ele exerce um encanto especial sobre os idosos, que devem ver em sua doença e sua persistência um espelho familiar. Mas pessoas de todas as idades param para falar com Arden. "São os cachorros que humanizam Nova York", diz Paul. São ocasiões de contato humano, conversa entre vizinhos, surpreendentes expressões de sentimento. Entramos numa comunidade em que é mais provável sermos conhecidos como "o pessoal do Arden" do que por nossos nomes; na verdade, quando não estamos com ele às vezes não somos reconhecidos pelas pessoas com quem conversamos.

Toda manhã e toda tarde, Arden exercita uma vida social com o fluxo constante de cachorros que marcham ou vagam pela calçada. Há uma dupla de *sharpeis* que ele inexplicavelmente detesta, e certa vez um porco vietnamita barrigudo o enche de terror – ele se esconde atrás de nós e treme –, mas fora isso seu convívio social é harmonioso. Ele se levanta com cuidado, sacode-se um pouco, fareja, cumprimenta. Recebe seus admiradores humanos deitado no cimento, como se atendesse à corte, despendendo muito pouco esforço.

Lenta e gradativamente, começa a se exercitar com um pouco mais de força. Quando vamos à praia em Jersey, no fim da primavera, ele nos espanta ao caminhar até a beira da água e, como antigamente, atirar-se na areia - ele inicia o movimento baixando um ombro e deixando o resto do corpo cair - e rolar sobre as costas, coçando cada centímetro da espinha na areia áspera com pedacinhos de conchas, como sempre gostou de fazer.

Eu ficaria grato se pudesse me restaurar assim. Mas pareço estar em dois lugares ao mesmo tempo: aliviado e feliz por Arden estar neste mundo, interessado em nossa vida na cidade e ao mesmo tempo lidando com uma profunda sensação de vazio, um vácuo, um ponto nulo.

O desespero é, de certa maneira, uma resposta adequada ao mundo; de que outra forma enfrentar o poder corrosivo do tempo, como ajustar-se à brevidade e à fragilidade do ser?

A vida sem um elemento de desespero pareceria uma empreitada vazia, um espetáculo pequeno e raso na superfície da experiência. O desespero traz em si um sentido que reforça a realidade. Emily Dickinson diz, de forma sombria:

> "Gosto de um olhar de sofrimento,
> porque sei que é verdadeiro -"[6].

Mesmo que fosse possível o psicofarmacologista modificar nossos mecanismos químicos, afastando a experiência do desespero, não seria aconselhável; de que adianta uma felicidade baseada na negação? A capacidade de desespero provavelmente equivale à capacidade de sentir alegria; essas profundezas do ser são necessárias para possibilitar a subida às alturas.

Mas desespero e depressão não são a mesma coisa, é claro. A depressão é quase sempre conseqüência do desespero, o desespero de não

6 *"I like a look of Agony, / because I know it's true -"* (N. T.)

conseguirmos achar o caminho para sair do outro lado, um desespero que não pode ser removido. Às vezes essa dor - talvez especialmente quando ela é conhecida há muito tempo e todos os nossos recursos foram usados, esgotados - agarra-se ao ser, torna-se o clima em que atuamos uma meteorologia diária. A depressão, a situação de estar esgotado pelo desespero, instala-se na gaveta da mesa, na pilha de sapatos no fundo do armário, nos pratos sujos da noite passada amontoados na pia. O desespero é nítido, definido, forçoso; é uma reação à experiência. A depressão se acumula, cresce, suspira, instala-se; é a falta de uma resposta. Não faz as coisas se moverem. Considere nossas figuras de linguagem para ela: uma nuvem, uma sombra, um peso. Ela paira, envolve, pousa pesadamente; substitui a agudez da dor (que ninguém consegue sentir por muito tempo) pelo vazio supressor da neblina. Acontece que eu adoro a neblina, com seus véus e segredos, seus reflexos e climas. A depressão, mais precisamente, é uma espécie de névoa suja, e obscurece tudo sem acrescentar mistério. Ela torna óbvia a possibilidade da surpresa. Reduz, esconde e abafa a circulação do ar.

Vou à biblioteca numa manhã espetacular de setembro. É o segundo dia de minha nova bolsa lá, um período de apoio que me permitirá trabalhar em um livro, dando-me um tempo razoável para ler, pensar e escrever. Estou um pouco nervoso com a entrada nessa nova comunidade, em um ambiente desconhecido, e por isso decido seguir em frente e pegar o trem até a Rua 42, apesar do buraco fumegante no topo da torre norte, aquela estranha forma distante, visível de minha esquina na Sexta Avenida. Ligo para Paul do meu celular. Ele está em casa, tomando café em nosso novo apartamento na Rua 16, preparando-se para uma reunião de professores na Sarah Lawrence, nervoso com seu novo emprego - nós dois estamos um pouco preocupados com o início de uma coisa nova. Eu digo que ele deveria ir até a esquina e olhar.

Na biblioteca, todos estão reunidos em volta de um monitor de computador, assistindo ao noticiário da BBC, que tem uma câmera ao vivo sobre as torres e está transmitindo a cena pela *web*, e é aí que o segundo avião voa contra a torre sul, e todos na sala compreendem que o mundo em que vivemos mudou. Na tela, uma imagem fragmentada em *pixels* das colunas fumegantes de aço e vidro. Há informações sobre outros aviões que ainda voam. Ataques em Washington, em L. A., o que mais irá acontecer?

E então uma das imagens gêmeas na tela começa a se consumir, ao que parece, de cima para baixo – a fumaça cresce para fora só um pouco –, antes de ser sugada pela terra em meio a um grande rugido. Bem, não há rugido na tela do computador: uma silenciosa e trêmula coluna de fumaça desce sozinha, em poucos segundos.

Uma coisa impensável.

Tento ligar para Paul, mas o telefone apenas toca; toda a cidade de Nova York está tentando verificar se determinada pessoa está bem, perguntar o que está acontecendo, fazer um plano, descobrir como voltar para casa. A verdadeira cidade que é a grande biblioteca na Rua 42 com a Quinta Avenida sai como uma enxurrada pelas portas do prédio, misturando-se à enxurrada de gente nas ruas. As entradas para os trens já estão fechadas, eles não correm mais.

Nem as pessoas, benditas sejam, continuam correndo, como se houvesse um acordo tácito de que era preciso manter um pouco de ordem. Sairemos pelo centro da cidade juntos, sem nos ferirmos uns aos outros. Alguém disse "afaste-se da sombra do Empire State Building"? Uma grande massa de humanidade caminha pelas calçadas da Sexta Avenida, onde começo a entender algo que nunca havia imaginado sobre o fim do mundo.

O apocalipse é *narrado* continuamente, parece não ter fim; a narração cerca e envolve em camadas sonoras. Pessoas com celulares – os que ainda funcionam – descrevem o que vêem, o que está na frente delas, dando sua versão do fato. Aparelhos de televisão foram arrastados para as vitrines, e cabeças falantes fazem seus relatos enquanto as imagens das torres tremem e mudam. Há um carro encostado à calçada com as portas abertas e o rádio em alto volume. As pessoas conversam, recitando as versões que sabem. Alguém fala num telefone público, depois pára e repete o que está escutando para as pessoas reunidas ao seu redor; as notícias vêm por fones de ouvido e aparelhos portáteis, repetidas e anunciadas. Mover-se por essa calçada é ser apanhado em camadas sinfônicas desesperadas de fala, reportagem, certeza, especulação, perguntas.

Que terminam, na Rua 34, quando estou no meio do cruzamento, num lugar onde se pode ver no fim da avenida a forma sólida da torre norte, que de repente parece cair naquela mesma implosão fumegante. Todos param de se mover. Eu ponho a mão sobre o coração, involuntariamente; algumas pessoas têm as mãos sobre a boca; num átimo, tudo fica absolutamente silencioso.

"O vento não veio - hoje - do pomar
veio de mais longe -"

E se esse vento derrubar uma torre?

Lá estão Paul e Arden quando abro a porta do apartamento; eu pensara que estariam em algum outro lugar? É um alívio sólido, surpreendente, um abraço, e depois, é claro, começamos a despejar tudo o que vimos.

Nossa casa é tão nova que quase não há nada ali dentro: uma mesa de madeira redonda, duas cadeiras, um tapete bordado com desenhos geométricos, todo preto e dourado. Nossas vozes ecoam. Não há televisão ainda. Não sabemos que naquela manhã o ar nas calçadas da Rua Oeste se encheu de uma névoa de sangue, dos que saltaram das torres. Não sabemos quantos pereceram, não sabemos se o hospital que, ouvimos dizer, foi montado nos cais do West Side, se encherá de feridos. Não sabemos, não sabemos. Decidimos comprar mantimentos, a primeira coisa que as pessoas fazem quando começa o pânico; a maior parte de Nova York, os que conseguiram voltar para casa, ocupa-se rapidamente em empilhar produtos enlatados, numa barreira contra o apocalipse. Enchemos galões de água. Escutamos o rádio. À tarde saímos para a Sexta Avenida; nossa academia tornou-se uma estação de descanso para as pessoas exaustas de caminhar. No mesmo quarteirão há um restaurante de esquina que nunca fecha, nem mesmo para o fim do mundo. Todos lá parecem muito agradecidos pelo café, um sanduíche, algo vagamente normal. Exceto um casal, garotos europeus em roupas de grife surradas, que se queixam porque o restaurante não tem creme *chantilly*. A garçonete responde: "Vocês sabem que Nova York foi atacada hoje?".

De volta a casa, escutamos a estranha textura sonora das ruas: primeiro sirenes intermináveis, depois o tráfego desacelera e pára. Tanta gente andando, andando para casa, andando para o sul para procurar alguém - à tarde não há mais sons, mas vozes e passos de pessoas andando. E mais tarde nem sequer isso. Silêncio absoluto.

No dia seguinte, caminhões começam a subir veloz e ruidosamente a Oitava Avenida, na contramão, carregando entulho do sul; retiram materiais enquanto procuram sobreviventes ou corpos. Os caminhões estão descobertos; uma cinza branca esvoaça deles em nuvens, uma poeira que cobre a rua, nosso rosto e nosso cabelo. Cinzas de quê exatamente? Os caminhões tocam sirenes para que todos saiam da frente, o som que Arden mais detesta além do de tiros, e fico feliz por ele estar um pouco surdo, mas não o suficiente, ao que parece, para diminuir sua ansiedade.

Ansiedade que piora nos dias seguintes, como não? Quando o vento sopra da direção certa, posso sentir o cheiro da fumaça do local que os repórteres que vemos em nossa nova televisão - corremos para achar uma, necessitados, como o resto do mundo, de ver no noticiário as imagens incessantemente repetidas de nossa cidade perfurada - agora chamam de Ponto Zero. Por quanto tempo ele queimará? Arden certamente pode sentir as nuances e as dimensões do que para mim parece o cheiro de plástico queimado. Poderá ele sentir não só nosso nervosismo, mas a grande intranqüilidade humana na cidade?

Os rostos dos desaparecidos surgem em caixas de correio, cabines de telefone, postes de iluminação, muros, vitrines. No Hospital Saint Vincent, na Sétima Avenida, eles enchem toda uma esquina, e a multidão pára para vê-los. Na estação do metrô na Union Square, as paredes de azulejos brancos são uma galeria. Começamos a reconhecer determinados rostos. Há detalhes identificadores, às vezes coisas estranhamente íntimas - uma marca de nascença na coxa, uma tatuagem oculta - anunciadas nos textos. Os rostos são copiados, reproduzidos incessantemente, diferentes do original mas estranhamente mais pungentes; quanto mais são duplicados, tanto mais permanecem publicados.

Cada tremor, cada sombra de avião. Cada grito na rua. É claro que logo estremecemos. Levamos água e bebidas isotônicas, dinheiro e suprimentos aos lugares que recebem as doações; vamos à Union Square para as vigílias que começam a se realizar ali, mas com exceção disso nos sentimos inúteis e imobilizados. Tememos novos ataques, tememos a reação que nosso país terá, as repercussões, as ramificações.

"Ramificações" é uma dessas palavras que quase esquecemos ser uma metáfora: ela significa literalmente "ramos", as conseqüências de um fato, que podem se distanciar de sua origem. Já sabemos que o 11 de Setembro terá conseqüências ainda imprevisíveis em muitos aspectos de nossa vida, na cultura deste país e no mundo. Desejamos que parte dessas conseqüências possa incluir a compreensão do que é viver na maior parte do resto do mundo, um entendimento mais claro de como os Estados Unidos são vistos e do que engendramos. Desejamos que o acontecimento em si possa ser compreendido em parte como uma conseqüência do fundamentalismo, uma posição que sufoca a empatia e o discurso, obstrui o caminho da comunidade, no estrangeiro e em nosso país. Mas tememos, é claro, as ramificações daquela manhã.

Às vezes o trem do metrô simplesmente pára, e fica escuro por alguns segundos, e um pânico frio domina minha respiração até que a luz se acenda. Da mesa em meu cubículo na biblioteca – tenho meu próprio espaço, iluminado com lâmpada fluorescente, cercado de vidro, com venezianas que posso fechar para ter privacidade – posso sentir o rumor distante do metrô sob o Bryant Park, e, quando aquele tremor começa, seguro-me à mesa todas as vezes, meu coração dispara um pouco antes de eu lembrar o que é. Um pânico que não desaparece realmente enquanto o tremor não parar e eu tiver novamente certeza de que é apenas o metrô.

Desespero: de que outra forma entender a história? Nosso novo milênio começou, e parecia um pouquinho possível - mas certamente se examinássemos a idéia com atenção ela se evaporaria - que pudesse haver um tempo mais feliz à frente; afinal, temos o recomeçar do novo número, a fileira de zeros depois do algarismo inicial em 2000. Depois os aviões se chocam com as grandes torres, e de repente parece que ou o século XX nunca terminou, com sua violência absurda, suas loucas divisões entre privilegiados e condenados, ou afinal o novo não é um ponto recém-lavado de possibilidades, mas simplesmente uma oportunidade para mais uma virada em direção à brutalidade, para que qualquer senso de civilidade se desgaste ainda mais.

Arden - assim como quantos cidadãos de Nova York? - tem momentos do que parece ser pânico. Ele se senta e olha para nós, arfante, bate uma pata no chão e não pára. Quando se move, respira com dificuldade, e às vezes fica parado num canto do apartamento, a cabeça encostada à parede. Ficamos imaginando se teria acontecido alguma coisa durante aquela febre alta, algo em seu cérebro? Imaginamos se é o cheiro no ar, a ansiedade que vibra na atmosfera. Tentamos consolá-lo, acalmá-lo. Escová-lo e acariciá-lo ajuda um pouco. Quando saímos, ele adquire um comportamento destrutivo. Há um conjunto de ferros junto à lareira, que balançam quando Arden bate neles com a cabeça, e ele bate até derrubá-los. E a pesada tela dobrável que colocamos na frente do aquecedor... um dia ele deve ter batido nela também, pois entramos em casa e a achamos caída no chão. Felizmente ele não está embaixo dela.

Depois há o antraz; ameaças na correspondência, medo de envenenamento em massa. Um dia Paul e eu vamos até o sul da cidade só porque ouvimos dizer que o comércio que continua aberto lá está em total decadência, faminto por clientes; vamos colaborar. No trem, percebemos que alguém borrifou um pó branco sobre o banco à nossa frente. As pessoas começam a sentar-se, notam o pó e se afastam.

Mas logo alguém se aproxima, pousa uma sacola de compras, começa a se afastar, então pensa melhor, suspira e senta. Em breve uma fila inteira de passageiros parece ter decidido coletivamente: *Ao inferno! Vamos sentar no maldito pó branco, com ou sem esporos. Aqui é Nova York.* E logo o vagão inteiro está rindo.

Na biblioteca, eu me tranco no cubículo, fecho as venezianas e ligo o grande e ruidoso computador. Leio meus *e-mails*. Escrevo mensagens longas e detalhadas, trabalhando o maior tempo possível. Então termino. Dali a pouco estou com a cabeça deitada na mesa. Do lado de fora, escuto meus colegas discutindo política, discutindo as notícias. Eu poderia ir até o cubículo de minha amiga Andrea, onde ela se ocupa de não trabalhar em seu romance. Talvez eu dê um passeio, vá tomar um café. Talvez eu me deite no chão entre a mesa e a parede, mesmo que pareça um pouco tolo, descansar ali onde deveria estar trabalhando, onde tenho a sorte e o privilégio de poder trabalhar. De vez em quando, penso nos tesouros que há no edifício à minha volta, que de certa forma parecem distantes, os livros que não tenho energia para ler. Meu humor se instala ao meu redor, um casaco de lã que parece tornar-se mais pesado devido aos meses em que faço muito pouco - e depois, como o casaco é pesado demais para que eu possa me mexer, não faço absolutamente nada.

Entreato

Serotonina

Em uma conferência de escritores, falo num painel sobre autores e terapia. Na hora das perguntas e respostas, que naturalmente costuma ser o momento de fazer declarações, as besteiras habituais são espalhadas: os escritores não devem fazer terapia porque ela pode “interferir na fonte de sua criatividade”. Escutem, *eu quero dizer,* vocês podem imaginar o fim dos conflitos? Estão falando sério? *Então alguém se levanta e diz algo alarmante e previsível: “Bem, se Van Gogh tomasse remédios não teríamos aquelas obras-primas, não é?”.*

Não posso deixar de responder: “Acho que teríamos muitas outras”.

Acho que essa é minha maneira de dizer que um pouco de inibidor de reabsorção de serotonina parece ter salvado minha vida. Ficou claro, naqueles dias difíceis em que me arrastava até a biblioteca, que eu não conseguiria sair do buraco sozinho. E realmente não me importa se é o efeito placebo ou não que funciona no momento em que de repente sinto uma mudança: estou parado numa esquina da Oitava Avenida, esperando o sinal para pedestres abrir, e sinto um calafrio na espinha, seguido pelo súbito impulso de erguer a cabeça, de ficar ereto... Há quanto tempo isso não acontece? E alguma coisa dentro de mim olha para o mundo e diz: “Ah, certo, estou aqui”.

Pareço um pouco com o Arden perdido, que voltou a ser ele mesmo quando aqueles estranhos benevolentes chamaram seu nome?

O aqui, *com uma pequena dose de Celexa, afinal não é um lugar nada abafado: consigo sentir altos e baixos, em vez daquela nebulosidade interior autoprotetora que mantém tudo impreciso, desligado, porque a queda é simplesmente perigosa demais para ser admitida. A droga não é uma dose amortecedora de felicidade, nem uma fuga dos confli-*

tos, de modo algum. Os que precisaram dos IRSs e deles se beneficiaram compreendem que eles fazem uma outra coisa, que é oferecer uma espécie de plataforma figurada em que a psique pode se manter; eles nos impedem de afundar a uma profundidade insustentável. Se Dickinson caiu quando "um esteio da razão se partiu", então a serotonina parece ser o que coloca esse apoio novamente sob nós, aquele pedaço de segurança. O que não quer dizer que não ficamos tristes, ou que não nos sentimos esmagados pelo mundo, apenas que somos capazes de nos sentir algo mais que amortecidos. A dose certa significa que posso sair do buraco infeliz, que posso voltar a sentir o que Freud chamou de "sofrimento comum".

Toda a minha vida tive uma certa animação, uma capacidade, na dificuldade, de não naufragar, de me levantar... a cabeça acima da água, como Mr. Beau nadando no Grande Lago Salgado. Mas agora ela parece ter-me abandonado. A idade? O cansaço? Algo aparentemente tão simples quanto a morte de um cão dourado? Parece um milagre encontrar uma versão daquele espírito de leveza numa pequena pílula oval cor-de-rosa.

A essa maravilha, todo o meu louvor e minha gratidão.

E se, de fato, não tivéssemos tantas obras de Van Gogh? O próprio pintor, se tivesse a opção, talvez preferisse viver.

Capítulo 13

A Rua 46 Oeste é o limite exterior da área dos teatros, ligeiramente decadente, que o tempo todo remete a um passado mais brilhante. Mas assim mesmo enérgica: as antigas casas de pedra foram esvaziadas e transformadas em pianos-bares e cabarés, e em seus labirintos intricados persiste a essência de outro momento. Seguimos em meio ao burburinho da rua, táxis chegando, vapor saindo de um buraco no asfalto, dissipando-se em estrias no ar como ondas de fumaça cênica. Funcionários anunciam os espetáculos aos gritos, e há fotos reluzentes de cantoras em caixas de vidro rodeadas de fileiras de luzes. Ninguém parece dar a menor atenção a nenhuma delas.

Paul e eu viemos ver a apresentação de um travesti antiquado, um homem que se transforma em Judy Garland nos fins de noite de sábado, num cabaré de porão. Passando pelas portas forradas de vinil preto, entramos num estreito e barulhento piano-bar lotado de gente que praticamente grita a letra de uma antiga canção. As pessoas parecem se esforçar incrivelmente para se divertir, e é um alívio sair da confusão para a sala obscura nos fundos, que leva ao cabaré. Um homem pequeno e feérico atrás da corda de veludo vermelho, que poderia ser um antigo guardião de templo, nos pergunta se fizemos reserva, mas a falta dela não parece ser um problema. Somos levados para uma mesa bem perto da frente e nos sentamos a centímetros de duas mulheres vestidas em terninhos pretos semelhantes e com o cabelo louro arrumado em penteados complexos. De certa forma elas me lembram um par de castiçais; deve ser pelos penteados esculturais combinados ao alto grau de brilho: anéis, broches, lantejoulas, colares. As amigas estão incendiadas, os olhos acesos por coquetéis.

Percebo que a do meu lado usa calças pretas de seda bordadas com dezenas de pequenas taças de martíni.

Elas também querem muito se divertir. Enquanto conversamos, faço pequenas pausas e olho ao redor, a platéia mais improvável que já vi. Atrás de Paul está uma mulher grande com tranças pretas e enormes óculos pretos colados com fita adesiva nos cantos; parece estar vestindo um roupão de banho. Há um sortimento de *drag queens* velhas com roupas que talvez possuíssem desde o tempo em que viram a verdadeira Judy: cardigãs justos, gravatas finas, casacos xadrez de outra era. Um grupo de empresários japoneses bêbados, falando furiosamente, brindando radiante; três mulheres geriátricas, todas em blusas soltas bordadas com contas, a cabeça balançando sem parar, como se estivessem silenciosamente recusando algo que não podem aceitar. Um jovem casal hétero que parece ter ganhado as entradas de alguém que não as quis.

Todas as luzes baixam até a sala ficar escura, e de repente o pequeno palco se ilumina: um homem de preto corre pelo corredor até o piano e começa uma floreada abertura entremeada de frases de *Over the Rainbow*. Então, abaixo de um grande letreiro branco que proclama "JUDY" sobre uma cortina de veludo preto, aparece nossa estrela. É um baixinho gordo e enérgico: Judy com excesso de peso, à beira do declínio, mas ainda com boa voz para *shows*. É um cantor visivelmente emocional, muito bem sintonizado com os maneirismos vocais de Garland, e dispara imediatamente uma das canções-assinatura, dando passos para a frente e para trás naquela engraçada dança de musical que Garland parecia não conseguir parar. Ele usa saia e *blazer* pretos e uma blusa reluzente (exatamente como as das três Graças que balançam as cabeças na platéia), uma peruca preta curta, e, apesar de seu tom oscilar um pouco, tenho de admitir que ele é brilhante, sobretudo nas baladas, com a nota certa de tristeza suspirada, uma vulnerabilidade que se revela sob a vontade de continuar.

Primeiro eu esqueço que ele não se parece nada com Judy. Depois, conforme canta, esqueço que é um homem, depois quase esqueço que não é Judy. Bem, ele é Judy, não é? No sentido de que é uma incorporação de sua imagem, a contínua emissão brotando do ser original desaparecido, um poderoso coquetel de coragem e degradação, sentimento e anfetamina. Um dia existiu uma Judy, a sobrevivente ferida, depois houve milhares, seu fantasma fragmentado em uma legião de aparições. O transformismo superou em muito aquele tempo; a nova safra impetuosa de *drag queens* imita somente a si mesma. Mas hoje até estas parecem um pouco históricas; o momento de visibilidade cultural dos travestis passou. Nesta hora tardia parece que há apenas uma Judy novamente, ou no máximo algumas, a retaguarda do mundo *drag*, e esta canta com o coração para a estranha reunião de fiéis em Midtown numa noite de sábado.

Na visão épica de James Merrill da vida após a morte, as almas das pessoas a quem os vivos constantemente pedem instrução ou inspiração - Rilke, Jesus, Maomé - são fantasmas pálidos; elas foram garimpadas sem parar até que seu minério essencial, iluminador, praticamente se extinguiu. Mas ali eu penso que J. M. entendeu mal; até mesmo o arquétipo mais desgastado é capaz de se renovar pela força da experiência. Novas circunstâncias os despertam com um choque; a roda dos acontecimentos refresca até a mais cansada das fontes. Certamente, você pensaria que Judy Garland... um clichê *gay* que se tornou tão embolorado quanto a própria idéia de "*gay*" ficou sobrecarregada, ela mesma um clichê... você pensaria que Miss Garland, como nosso amigo Murray, um *gay* de setenta anos que costumava agendar as turnês da cantora, a chama... Miss Garland deveria estar simplesmente desaparecendo, como um antigo e frágil sinal de rádio, não?

Mas ela está muito viva e saudável nessa noite, e o que a traz correndo de volta do vazio é o rasgão no corpo da cidade, a ferida aberta dos "acontecimentos do 11 de Setembro". (Essa expressão tornou-se o rótulo do caos que assolou Nova York, assim como a máquina de guerra reverberante gera novos *slogans* intercambiáveis: Justiça Infinita, Liberdade Duradoura.)

Judy não está cega para estes tempos. Ela tem um objetivo: quer que saibamos que a única resposta tolerável para o sofrimento é a persistência. Enquanto seus gestos e sua voz anunciam a presença da dor, as canções que ela escolhe se recusam a habitar a dor. Ela saqueia os depósitos de consolo, embora na verdade seus conselhos pareçam ser todos o mesmo: encontrem coragem para persistir. "Sorria, mesmo que seu coração esteja partido", ela canta, e "desfaça essa cara de tristeza."

E então ela realmente canta aquela canção de *Carousel* "Quando você estiver numa tempestade / mantenha a cabeça erguida / e não tenha medo do escuro", cujos trechos mais grandiosos costumávamos cantar até que nossa voz falhava totalmente nas notas agudas, no coral da sétima série. Ela realmente não é ruim, embora seu momento triunfal seja *I'm Here*, de Stephen Sondheim, escrita após a morte de Judy, de modo que sua emocionante afirmação final, "Eu estive aqui e estou aqui", parece soar em muitos níveis ao mesmo tempo. Judy está morta e continua cantando. Ela sobreviveu ao zero, à aniquilação, e não se deteve; portanto, nós, que um dia extraímos coragem de sua força sobrenatural, não poderíamos fazer o que ela ordena? As mulheres-castiçais balançam a cabeça; olham para nós em busca de reconhecimento: "é verdade, não é?", temos de nos levantar e sacudir a poeira. O garçom chega com a segunda rodada compulsória de bebidas.

Judy canta *Vou plantar minha própria árvore*, uma canção de *O vale das bonecas*, que leva a jovem hétero ao êxtase; é exatamente o momento que esperava, e ela grita de prazer. Então o olhar de Judy é atraído para o namorado da jovem. Ela desce do palco e o examina; rebola um pouco, com deleite. "Oh", ela diz, "tenho vestidos mais velhos que você!" Pausa. Três tempos. "Mas tudo bem. Enquanto estivermos juntos aqui." Pausa, suspiro, nova pausa. "É uma festa!"

E lá vai ela, na introdução de *San Francisco*:

"Nunca esquecerei Jeanette MacDonald,
pensar nela me dá uma pena.
Nunca esquecerei como a velha Jeanette
levantou-se entre as ruínas e cantou".

Judy, é claro, não se levantou entre as ruínas; ela *é* a ruína. Dessa maneira cativou uma geração de homossexuais, cantando para escapar do sofrimento enquanto ainda mostrava as marcas iniludíveis da decadência. Esse foi seu paradoxo inegável e energizante: ela era capaz de se apresentar ao público ao mesmo tempo transcendente e degradada. Era uma postura que os *gays* entendiam instintivamente.

E agora o paradoxo é levado um passo adiante: Judy está morta e continua cantando, sua imagem bruxuleante recua na distância, mas ela ainda escancara seu coração, nessa salinha escura na borda oeste de Midtown. Naturalmente, ela não é real, apenas um fantasma, e por isso pode dizer, entre as palavras que canta, essas coisas terríveis: a juventude fenece, a beleza passa, o que é terno torna-se sombrio ou se dissolve, o prazer diminui, o tambor do sofrimento do mundo continua batendo, e em quê se pode confiar, a não ser no fato de que as coisas acabam?

Mas tudo bem, enquanto estivermos juntos aqui...

Há um ponto em que qualquer tentativa adulta de compreensão torna-se absurda. Com o passar do tempo, olhamos para as dores que a experiência nos ofereceu e lá estamos nós: inconsoláveis, impotentes para afastar seu peso através da racionalização ou da aceitação. Aquilo que parece unir todas as almas díspares nessa sala, afinal: somos todos impotentes.

Certa vez um jovem poeta me disse: "Realmente é muito fácil escolher a perda como tema, não é?".

Tive vontade de dizer: *Sim, meu caro, e tive muitas opções nesse sentido.* Mas não disse nada parecido.

Na verdade, escrever sobre a dor nunca foi uma opção; quando resisti a ela, a necessidade de articular simplesmente insistia ainda mais alto. Nunca consegui aceitar o fato do limite. Apesar de ter tido quase cinqüenta anos para pensar nisso – já vivi mais que Judy em sua forma corpórea! –, ainda não o aceitei. Sou uma ruína também, e exibo-me aqui em meu pequeno palco escuro com essas frases saindo da minha boca. Judy, é claro, também não aceitou, mas tem uma forma de despejar a dor e a exaltação, e eu faço o mesmo.

Na verdade, a maioria das pessoas nesta sala agora parece já ter encarado perdas suficientes, obrigado. As mulheres na mesa ao lado, que parecem ter-se tornado nossas acompanhantes, sorriem, concordam e fulguram. Judy diz: "Guardem seus problemas na velha mala". Seu público parece aceitar a ordem, pois ela mesma não pode de fato fazê-lo, é obviamente uma completa ruína. É assim que ganha credibilidade. As torres públicas e privadas desmoronam, e ela não pode guardar seus problemas, assim como nós.

Mas ela ainda está aqui, não está?, cantando nos palcos de cabaré do além?

Penso no velho Mr. Arden, arrastando-se escada acima.

Entreato

Um show

Arden gostava de subir na cama e rolar de costas, e, para nosso prazer e para o dele, resmungar, falar e emitir qualquer som que conseguisse. Isso sempre nos encantou, e coçávamos sua barriga, ou um de nós pegava suas patas dianteiras e o outro as traseiras e dizíamos: "Estica, estica!", e puxávamos um pouco para alongar sua coluna, enquanto ele resmungava e falava um pouco mais. Chamávamos isso de "dar um show*", e Arden parecia encher-se de felicidade. Como se agora ele pudesse fazer o que nós fazíamos e nos mostrar que também era capaz de encher o ar de sons.*

Capítulo 14

Uma reserva antecipada para o almoço de Ação de Graças é a única que conseguimos, na velha casa perto do porto transformada em restaurante chique, mas afinal foi ótimo. Às duas da tarde os funcionários estão bem-dispostos, o peru e seus acompanhamentos assados e brilhantes estão perfeitos, e as sobremesas são complexas a ponto de calar nossa conversa e exigir plena concentração. Eu tomo sorvete de canela com pêra cozida em vinho Zinfandel e cobertura de chocolate amargo. Hora de dar um passeio.

Arden caminha bem de novo, não com a pressa desenfreada dos velhos tempos, mas tampouco com os tremores horríveis da primavera e do verão. Agora ele consegue marchar lentamente pelos caminhos da Floresta de Faias e até dar uma corridinha atrás de um pássaro, ou numa curva em uma parte nova do bosque. Penso nas grandes patas de Beau nesses mesmos caminhos, por tantos anos; aquele som continua comigo, o tamborilar sólido de quatro grandes patas, a corrida do adorável pequeno trovão. Isso nunca desaparece totalmente. De algum modo, "lembrança" parece uma palavra leve demais, evanescente demais; é quase uma sensação física o som daquelas patas, e ela vem junto com a cor e o calor dele, o cheiro de pêlo quente, a vida cinética de um ser quase nunca imóvel: o que vive em mim.

E justamente quando me sinto intensamente grato por isso – bem, uma gratidão misturada com tristeza, que certamente é uma combinação que posso suportar e que poderia ser na verdade uma espécie de alicerce sobre o qual se constrói uma vida adulta –, justamente quando estou pensando nisso, no caminho outonal, com odores e tons de couro, cobre, resina, conhaque, tabaco, folhas mortas, cogumelos, casca de árvore molhada, vem-me à mente: *Paraíso*. Então penso: *Se houver um céu e ele não estiver lá, não irei.*

A seguir a voz corretiva: *O reino dos céus está dentro de você.*

Numa noite dessas, durante o jantar num restaurante na Oitava Avenida, nossa amiga Marie disse: "O reino dos céus está dentro de você. Pense nisso". Dentro de VOCÊ. Estávamos conversando sobre o 11 de Setembro, sobre a vontade de ir à igreja e como pareciam inadequadas todas as instituições religiosas. Marie e Paul foram criados católicos e têm um anseio intrínseco de comunhão do espírito, um padrão de ritual. Marie começou a nos falar sobre um grupo chamado Povo do Caminho, uma pequena turma de estudantes do cristianismo primitivo que tentava praticar algo parecido com a disciplina rigorosa e humana dos primórdios da Igreja. "Se você perguntasse a ELES se Jesus é Deus", ela continuou, "eles diriam *Ha!*" (aqui ela fez um amplo gesto de negação). "Eles acreditavam no que Jesus disse: o reino dos céus está dentro de você. Auden disse que assim que os cristãos deixaram de acreditar nisso foi o fim, e então vieram a Igreja, a hierarquia, a mediação, a corrupção. Mas antes disso. Dentro de você."

Tentamos imaginar o que aconteceria se as pessoas realmente acreditassem nisso.

Um pouco de pesquisa do Novo Testamento original, em grego, levanta mais perguntas do que traz respostas. O primeiro problema é aquela preposição: podemos considerá-la "dentro", "entre", "no meio" ou "próximo". Então as coisas ficam mais complicadas por causa do pronome, que vem a ser uma versão plural de "você". Os falantes de inglês sempre procuram maneiras de compensar a ausência de uma segunda pessoa do plural - dizem *"y'all"*, *"youse"*, *"yez"*, *"you guys"* -, dependendo de que parte do país vêm. E todas soam realmente terríveis quando justapostas a *O reino dos céus está dentro de...*

Portanto, poderíamos ler a frase com o significado de que o reino celestial reside no espírito do indivíduo, ou de que ele surge no contexto do relacionamento comunitário. Ou, suponho, em ambos, se conseguirmos juntar céus privados e coletivos.

Conversas noturnas no trem. À noite não há mundo lá fora, ou quase não há; apenas o escuro da janela, que se torna mais escuro pelas luzes fortes no interior do trem. O mundo se resume às conversas que escuto dos passageiros ao meu redor, em seus celulares, e ao livro que estou lendo, e então a sonolência que vem depois de um longo dia e o movimento ritmado do vagão. Estou escorregando para a escuridão quando Mr. Beau diz: *Você precisa me liberar.*

Não, não pode ser Mr. Beau, que não fala nem mesmo na morte.

Alguma outra coisa... um cachorro de brinquedo no meu teatro interior, um personagem numa peça em um trem noturno?

Ele: *Sua tristeza me mantém preso a você.*

Eu: *Estou fazendo isso?*

Ele: *Quero correr com os outros cachorros e nadar com as focas!*

Eu: *Mas como posso liberar você?*

Ele: *Chore por mim até cansar.*

Eu: *Mas então você irá embora?*

Não, ele diz, *mas serei diferente.*

Longa pausa.

Estarei lá, em qualquer lugar do mundo em que você estiver, ele diz. *Mas você tem muitos anos pela frente.*

Eu: *Então verei você de novo?* Mas aí já não o estou liberando, estou?

Digamos que o céu só possa ser alcançado pela imaginação individual. Nenhum caminho externo, nenhuma maneira de alguém levá-lo até lá. A graça pode baixar, em seus trajetos estranhos e sinuosos: somos visitados pela alegria, parecemos receber um poema ou uma canção, algo que encontramos nos preenche até a borda. Essas coisas indicam o caminho, mas quem pode viver nessa consciência exacerbada? E, se pudéssemos, o desespero seria vencido? Ou pelo menos equilibrado? É claro que deve haver tristeza no céu, mas o paraíso pode conter o desespero, seria o céu tão paradoxal?

No meu país, os ancestrais pensavam no céu como um lugar livre de tensão, sem conflitos. Mas eles tinham uma vida dura, simples, afinal; o pai de minha mãe guardou cinqüenta centavos por semana durante décadas para que, ao morrer, tivesse um enterro decente. A mulher dele cortou seu único vestido bonito para fazer uma mortalha para a filha. Nunca havia o suficiente. Não admira que eles pensassem no céu como um lugar de fartura, necessidades satisfeitas, realização e louvor eternos.

Mas não consigo imaginar nada tão distante do resto do universo; todos os lugares não são permeados de tensão, do jogo de opostos, as contradições atreladas, insolúveis? Se o reino dos céus está dentro de nós, isso significa que o que há dentro de nós deve caber no reino dos céus, não?

O desespero, portanto, não é um lugar que deixamos, uma espécie de localização psíquica na qual entramos, para a qual olhamos e da qual saímos, aliviados por não termos de viver lá. É mais como uma dimensão do ser, que, uma vez aberta, faz parte de nós para sempre; um pólo interno, um ponto de escuridão, profundamente magnético (Deus abandonando uma dimensão de Si mesmo?). Sem ele, poderíamos simplesmente flutuar sem rumo, incapazes de sentir a escuridão e o sofrimento do mundo? O ser adulto exige equilíbrio; se não interiorizarmos parte da terrível gravidade ao nosso redor, seria a mesma coisa que não ter estado aqui. Vemos pessoas assim, intocadas, rostos eternamente jovens que parecem ter apenas flutuado pela vida (perdoe-me, espírito da empatia, por meu julgamento apressado, mas certos rapazes maquiados de Chelsea me vêm à mente). Eles são inevitavelmente belos à primeira vista e menos ao se desenvolver com eles uma relação; a vida não penetrou neles o suficiente para transformar e solidificar sua personalidade.

Sempre prefiro uma ruína a uma casa nova em folha; a verdadeira beleza é sempre marcada pela passagem do tempo; ela habita no tempo; sua atração aumenta conforme os mecanismos da idade e os mistérios da continuidade a reforçam; até as urnas gregas, essas noivas do silêncio, são mais belas por causa das pequenas rachaduras, da pintura desbotada, do ligeiro e sutil escurecimento da pedra.

Acho que temos de deixar uma parte de nós ser abandonada por Deus.

Adquirir alguma medida de controle sobre o grau de escuridão do ser, porém, é algo terrivelmente difícil; em excesso, somos derrubados, perdemos o sentido da claridade do mundo; um pouco mais e somos incapazes não apenas de ver, mas de agir, imobilizados por aquele casaco volumoso e sufocante usado tanto no inverno como no verão, que não nos permite respirar, não nos permite ver e ser vistos.

Então o que nos recupera, o que mantém o equilíbrio?

Na exposição de Cézanne: frutas maduras, pesadas, seu volume físico feito de verde ou vermelho, coexistem com crânios, velas fumegantes. Não uma coisa ou outra. O crânio está ali tão sólido e bem pintado quanto todos os outros elementos da cena, o osso recebe a mesma atenção perfeccionista que qualquer maçã ou pêra: atenção revelada na tinta, nas pinceladas exatas, colocadas com justeza num gesto rápido conquistado com a longa atenção do olhar.

Quando meu avô morreu - aquele dos pagamentos feitos minuciosamente ao seguro para obter um funeral de bom tamanho -, eu tinha dois anos. Minha irmã, que é dez anos mais velha, conta coisas que não lembro: que houve um grande velório irlandês em casa, que todos trouxeram algo e comeram e beberam em volta do caixão aberto até tarde da noite. Nosso primo Buddy, que estava no serviço militar, trouxe uma grande caixa de sonhos, e Sally e eu passamos a noite toda bebendo café batizado com uísque e nos servindo de sonhos, um atrás do outro. Café, uísque, açúcar, um caixão aberto... iniciação perfeita para um poeta elegíaco, não?

Paul e eu fomos ver minha ópera preferida, *A flauta mágica*, um conto de fadas, uma história infantil capaz de dizer as coisas mais sérias porque não pretende se afirmar no real; não se espera que acreditemos nela. Nessa produção há uma apresentação especialmente interessante da cena em que, como parte de sua iniciação nos mistérios, Tamino e Pamina devem passar pelos elementos perigosos: fogo e água. O que os protegerá?

Pamina pousa a mão no braço do namorado e Tamino levanta sua pequena flauta e começa a tocar, enquanto ao redor erguem-se línguas de fogo, elemento que queima e limpa. Juntos, eles atravessam ilesos as chamas - interpretadas por bailarinos sob uma luz intensa, parecem surpreendentemente convincentes, tremulando e bifurcando-se.

Então ela novamente pousa a mão no braço que Tamino estende, ele ergue o instrumento e toca sua canção... tão delicada, quase infantil, para nos transportar por tamanha luta!... e juntos eles atravessam as ondas, os mesmos bailarinos agora iluminados em azul, interpretando o elemento irrespirável que ao mesmo tempo afoga e limpa.

Nesse momento pego a mão de Paul no escuro. Em meio às grandes construções sonoras que Mozart produz com tal naturalidade, não é estranho que uma ária pequena e serena se torne a coisa mais bela e corajosa?

Assim, diante de todos os perigos, no que pode parecer uma região sem Deus, avançamos por meio dos poderes do amor e da arte.

E se o reino dos céus for o verdadeiro paradoxo? Ligação e desligamento se alternam como as pequenas lentes que o oculista nos mostra: esta ou esta? Qual fica melhor, qual deixa mais nítido? Somos abandonados pelo mundo e ao mesmo tempo totalmente amados por ele. Somos o bebê nos braços do tempo, e o tempo nos levará embora. Somos dotados de memória, animação, humor, humildade e amizade, assim como esquecimento, peso, lamento, autocomiseração e isolamento. Somos a coroa da criação e pasto para qualquer traça e inseto laborioso que carrega os filhos da terra de volta ao pó. Tudo e nada. É isso, o que nos rodeia, a vida cotidiana para a qual estamos adormecidos na maior parte do tempo... é isso, e assim foi o tempo inteiro.

Entreato

Remédios para Arden

Elevil: *para os acessos de ansiedade depois do 11 de setembro, prescrito por um médico saído diretamente da Central Casting para se tornar veterinário em Chelsea: musculoso, magro, louro, e uma alma de modo geral intocada pelas dificuldades, ou talvez mortalmente temerosa delas; provavelmente o estou diminuindo, mas é o que ele transmite. A pílula parece funcionar; Arden fica mais calmo durante algumas semanas, e então tem um ataque de ansiedade totalmente horrível, intratável, e nesse ponto eu suspendo o* Elevil *e Arden rapidamente parece muito melhor.*

O mesmo médico prescreve alimentos crus, uma dieta preparada por uma alma industriosa aqui no bairro e vendida no consultório, congelada em tubos plásticos que parecem lingüiça, uma mistura de carne e cevada, carneiro e aveia, galinha e trigo. A idéia é imitar a dieta dos cães na natureza, em algum momento antes da domesticação, sob a tese de que sua barriga não evoluiu desde então e que as enzimas e os méritos particulares do alimento são destruídos pelo cozimento e pelo processo de embalagem.

Parece muito razoável, a não ser talvez a parte evolucionária, e Arden acha bom, ou tolerável, e uma pequena fortuna é assim dedicada aos sacos daquele negócio, um regime diário que certamente custa mais que a contribuição que nos pedem para alimentar uma criança por dia num desses programas beneficentes que prometem cuidar dos famintos na África ou na América Latina. É só uma questão de semanas, porém, para que Arden comece a recusar qualquer comida crua e se afaste com desdém da tigela.

A rejeição às ervas chinesas, recomendadas pelo acupunturista que atende em casa, é muito mais rápida. Sou especialista em mascarar com-

primidos em pequenas embalagens palatáveis, enrolados em pedaços de presunto, disfarçados em bolas de queijo ou creme de amendoim, escondidos em bolas de ração canina como almôndegas, mas, na verdade, mesmo quando eu penso que consegui fazê-lo engolir alguma coisa, não é raro encontrar, horas depois, o remédio descartado discretamente em algum canto. Mas não há hesitação diante das ervas chinesas verdes e odoríferas; elas são imediata e inequivocamente cuspidas, e não há nenhum meio de persuadi-lo a ingeri-las.

A acupuntura, recomendada para os quadris problemáticos, um tratamento do qual eu mesmo me beneficiei, é mais tolerada. Arden agüenta pacientemente as pequenas agulhas de aço inoxidável, mas de vez em quando insiste em se mexer e elas caem no tapete. Ele melhora? É difícil dizer. Mas visivelmente gosta menos do acupunturista a cada visita, até que aquele rosnado surdo começa a me deixar nervoso e penso que é melhor escutar a vontade do paciente.

Capítulo 15

Depois de nosso longo e escorchante percurso de táxi sobre as montanhas, seria sensato tirar uma soneca, mas quando abrimos as portas duplas de madeira que dão para o terraço de nosso quarto é impossível sequer pensar nisso. Vemos telhados e jardins; San Miguel de Allende, uma cidade nas montanhas do deserto ao norte da Cidade do México, é empilhada em terraços, com telhados vermelhos, pintada em todos os tons de rosa, tijolo e ocre, com rasgos de um azul elétrico. Descendo o longo declive do morro chega-se a um vale com pequenas árvores e torres de igreja distantes, um lago em uma extensão enevoada, como o fundo de um quadro renascentista. O mundo cheira a pinheiros queimados, óleo diesel, madeira muito antiga, sálvia, gerânios e poeira. Na rua abaixo, ônibus e carros abrem caminho entre grupos de pessoas, crianças, cães e adultos que passeiam, vendedores ambulantes de bonecas, um homem com uma pilha de chapéus de palha na cabeça, uma mesa arrumada com sorvetes e frutas, empanadas redondas e douradas. Dormiremos mais tarde.

Saindo pelas portas pesadas e esculpidas do hotel (todo lugar parece ter delas, altas, equipadas com dobradiças e fechaduras antigas), descobrimos que a rua estreita foi ocupada por um desfile. É o Dia dos Reis Magos, a festa mexicana da Epifania. Uma série de caminhões percorre lentamente a rua; na carroceria de cada um, uma gloriosa exibição de crianças e animais, todos fantasiados para representar momentos do início da vida de Cristo.

Mas na verdade a Virgem Maria é o centro das atenções. Lá está ela com José, inclinada sobre o berço, recebendo as atenções dos reis; agora ela e José fogem pelo deserto, montados num jumento incrivelmente cooperativo. Agora acamparam num oásis, cercados por anjinhos e cabritos. Em cada cena a Virgem é retratada por uma jovem vestida de azul que desempenha seu papel com gravidade. Os anjos olham em volta e até acenam para nós em retribuição, e um dos josés se desequilibra visivelmente quando o caminhão passa por um buraco. Mas as marias estão radiantes, concentradas no boneco na manjedoura ou em seus braços.

San Miguel é um lugar complexo. Pujante comunidade de expatriados, os americanos e europeus que se instalaram aqui, juntamente com mexicanos ricos que vêm passar o fim de semana, trouxeram bares, *internet cafés*, caixas automáticos, um ótimo restaurante que escreve seu nome em cada fatia de um delicioso bolo de chocolate. Há uma escola venerável e um mural inacabado de Siqueiros num antigo convento transformado em Centro de Belas-Artes. Vários moradores estão envolvidos esta semana num festival em homenagem à obra de Virginia Woolf.

No desfile seguinte, os três reis percorrem a cidade a cavalo, atirando doce de abacaxi para todos na rua, seguidos por um delicioso elenco de personagens famosos: Pernalonga e o Diabo-da-Tasmânia, o dinossauro Barney, Tio Sam e Minnie. Sinos de não sei quantas igrejas marcam aparentemente horas aleatórias do dia. As pessoas vagueiam por missas, orações e primeiras comunhões, pelos templos das imagens: virgens cujos rostos são iluminados de ternura ou transfixados de dor, santos meninos que parecem a encarnação da devoção, cristos em intenso sofrimento com as feridas rubras à mostra. Os dois ladrões estrebucham no ar em suas cruzes. Cada igreja é uma caixa cheia desses emblemas esculpidos e vestidos das possibilidades de sofrimento humano. As pessoas saem para circundar a praça, ou rir dos palhaços, ou sentar-se nos bancos sob os loureiros aparados. O jardim é tão densamente plantado e organizado que parece maior do que realmente é, um espaço público de sonho feito para a vida social e a reflexão privada, para festas e descanso. Mulheres idosas, vaqueiros, as onipresentes crianças mimadas, o vendedor de jornais que os dobra meticulosamente.

Exatamente o oposto de um subúrbio americano, onde se vêem poucas pessoas, todas isoladas em sua privacidade. Lá o convívio acontece de carro, ou porque estamos todos juntos na estrada em nossos veículos ou porque dirigimos para algum lugar, *shopping center*, restaurante ou igreja, onde podemos nos ver. Aqui as pessoas parecem passar muito tempo nas ruas, vendo os amigos e conhecidos e todo mundo, vendendo e comprando coisas, passando tempo, consumindo, desfrutando, tendo prazer.

Paul e eu ficamos encantados por esse tecido de urbanidade tão diferente do nosso. Em Nova York, é claro, existe uma contínua e vital presença de pessoas nas ruas, mas nada como esse senso de aderência e conexão. A característica essencial de nossa cidade, na verdade, é a diferença, a humanidade díspar mergulhada na aventura e no quase desastre simultâneos de cada dia. Mas um dia a maior parte do mundo deve ter sido como San Miguel, um lugar onde as pessoas têm muito em comum; parecemos andar numa tapeçaria de trama apertada, todas as esquinas agitadas de vida.

Estou descendo uma rua lateral íngreme quando uma mulher se aproxima na direção oposta, conduzindo três lindos burros carregados de lenha. Os animais são baixos, de ventre grande, em suas costas há ponchos tecidos à mão e, sobre estes, sacos de lona cheios de galhos muito bem arranjados, um carregamento de lenha. Parece um filme do México, uma imagem perfeita de outra era. Então olho mais adiante na rua e vejo na esquina o microfone, o carrinho que transporta a câmera preta. É um filme.

Mas no dia seguinte estamos andando no Parque Juárez, um jardim tropical onde os cachorros correm sob o calor para beber das fontes de pedra em cada cruzamento de caminhos, e lá vem um sujeito com três burros menos fotogênicos - um pouco mais magros e com olhos menos doces - e não há uma câmera à vista. A cidade é explicitamente ela mesma e uma imagem para consumo, ao mesmo tempo réplica e original.

No dia seguinte há uma cachorra. Temos notado os cães de San Miguel o tempo todo, não apenas os bebedores solitários no parque, mas os que vagam pelas ruas a qualquer hora, dia e noite, muitas vezes com uma atitude decidida, um evidente senso de destino. Alguns usam coleiras, outros não; alguns parecem bem alimentados, outros são evidentemente magros. Eles correm entre o trânsito à vontade; achamos um milagre que ainda estejam na Terra. A maioria parece se divertir com seu comportamento e não se preocupa muito conosco; aceitam um agrado ou uma saudação amistosa, e então seguem seu caminho ou ficam calmamente no lugar, desfrutando o sol num portal ou esperando atentamente alguém que logo voltará.

Mas a cachorra que encontramos à noite na Rua Canal é diferente. Estamos voltando para o hotel quando ela sai lentamente de trás de um carro estacionado, sondando-nos. Eu a chamo e ela se assusta, um pouco desconfiada; aprendeu a ter cuidado com as pessoas. Eu me agacho com a mão estendida à frente, e embora ela esteja evidentemente temerosa também está carente, então se aproxima, abana o rabo lentamente, mantendo a cabeça erguida para que possa recuar rapidamente de um chute ou um golpe.

E então descubro que ela é maravilhosa.

Senta-se cuidadosamente na minha frente e olha para cima em expectativa. Eu estendo a mão para ela cheirar... ela recua um pouco, então decide que é seguro e inspeciona os nós dos meus dedos. Coço o topo de sua cabeça, entre suas orelhas, e ela baixa a cabeça e estreita os olhos com evidente prazer. Eu me inclino e a observo: ela tem pêlos curtos amarelos, uma mistura de sabe-se lá o quê, definitivamente influenciada por genes de *retriever*, embora seja menor que qualquer labrador, e suas orelhas pequenas sugerem aquela não-raça magra onipresente para a qual os cães de rua no México parecem evoluir, ou involuir, muito longe da especificidade das raças puras. Ela é magra mas não macilenta, e, embora jovem – não tem pêlos cinza na cara, uma suavidade que sugere juventude –, deve ter tido cria, pois seus mamilos estão grandes e avermelhados. Onde estariam os filhotes agora? Ela coloca a cabeça delicada em minhas mãos, fazendo-me sentir seu peso, que parece quase nada, talvez o de uma laranja. Há um estranho momento de ligação entre nós, que eu experimento como uma intensidade, um momento iluminado por uma espécie de surpresa – é arrogância pensar que ninguém jamais lhe demonstrou esse tipo de afeto? É como se ela o sorvesse e ao mesmo tempo me avaliasse como potencial companheiro, uma fonte de socorro ou de comida. Ela me sopesa, assim como sopeso sua pequena cabeça, e estamos gostando um do outro.

Seguimos pela rua até um pequeno mercado para comprar algo para ela comer; ela trota atrás de nós, interessada. O mercado está fechado. Voltamos para o hotel; ela segue, passa entre os carros e volta para nós. Agora não sabe o que fazer; não queremos incentivá-la, vamos dormir, e como poderíamos ajudá-la? Ela se afasta, volta à rua, agacha-se para urinar e não vê o ônibus que se aproxima. Ela não pára de urinar e o ônibus freia, espera, então o motorista perde a paciência e começa a avançar centímetro por centímetro, mas ela não se move, até que um de nós corre e a chama para fora da rua.

Agora estamos de volta à porta do hotel. Obviamente ela não pode entrar; há um porteiro vigiando a entrada e ele parece ter notado as manobras. Ela não pretende ir embora. Paul desiste; acha que não podemos fazer nada por ela, está cansado e quer ir para a cama. Eu não apenas não consigo ir embora como acho que, se for, ela não irá. Sento-me nos degraus com ela, que se deita junto do meu pé. O que eu penso estar fazendo? Paul entra, o porteiro dá de ombros, eu fico sentado nos degraus com aquela criatura subitamente devota. Minha mente dispara: seria possível levá-la para o quarto do hotel? E depois?

Um grupo de mulheres que está no hotel aparece e me cumprimenta: "Oh, veja o que você encontrou!". E a cadela se levanta para inspecioná-las. Elas a afagam e a cadela fareja, verificando as bolsas, esperando que tenham algo comestível guardado lá dentro, e essa é minha oportunidade de me esgueirar e subir o labirinto de escadas - algumas cobertas, outras abertas às estrelas - que levam até a cobertura.

Assim que chego lá, saio para o terraço; vejo o porteiro espantando a cachorra. Ela atravessa a rua, senta e olha para trás. Anda até os degraus do hotel (mais trânsito, meu coração quase pára) e o homem a afasta de novo. Ela atravessa a rua mais uma vez. Está me procurando. Eu entro no quarto.

Minha mente dispara; Paul e eu começamos a discutir nossas opções. Vamos embora dali a um dia; não sabemos nada sobre importar um cachorro. Eu ouvi histórias de longas quarentenas, regulamentos de saúde estritos. Tenho uma visão de mim mesmo tentando embarcar num avião de León para Houston, depois outro de Houston para Newark, tentando explicar aos oficiais da alfândega de dois países sobre aquela vira-lata que peguei na rua. Quando entramos no México, havia uma tenda separada para pessoas que traziam produtos agrícolas; nem sequer mencionavam animais. Todos os que desciam do avião tinham de passar por um pavilhão externo no qual eram borrifados com uma névoa suspeita que cheirava como uma versão química decomposta de flor de laranjeira... o que era aquilo? Um pesticida universal? Na hora, brincamos sobre quanto tempo nosso sistema imunológico conseguiria sobreviver. Se nós tínhamos de ser imersos numa névoa tóxica, o que não fariam com um vira-lata?

Parece impossível. Volto à sacada e não a vejo mais, e depois sim: ela encontrou um parapeito, dois metros acima da calçada, a cerca de trinta metros da porta do hotel. Está ali encolhida, no cimento, seu corpo amarelado visível ao luar. Ela se enrolou. Eu entro, a mente ainda apressada, cheia de uma mistura de afeto e culpa. Digo para Paul, sentindo minha voz embargada: "É tão injusto! Por que eu tenho tudo e ela não tem absolutamente nada?".

Paul diz que acredita que algo vai acontecer com ela, alguém vai adotá-la, que, como muitos cães de rua dali, ela conseguirá se salvar.

Talvez ele tenha razão, mas há sua aparente indiferença ao trânsito mexicano, especialmente assustador, no qual a vida de mais um cachorro não pode contar muito. E de repente ela é para mim a cristalização de algo que ficou na periferia de minha visão durante toda a semana: como podemos não pensar no fato de que jantamos em restaurantes onde a comida pode custar mais do que algumas pessoas com que cruzamos na rua ganham em um mês. Como é fácil para nós entrar nas igrejas antigas e desfrutar de prazer estético diante daqueles cristos feridos e sofredores, com seus olhos de vidro tão penetrantes, que, para os fiéis, são espelhos de seus próprios calvários. Meu prazer diante dessas esculturas não é meramente formal; eu adoro a maneira como elas parecem personificar a dor do mundo, encenando o sofrimento de Deus como um espelho e um enigma da aflição humana. Mas entendo que elas não podem ter para mim o mesmo significado direto e preciso que têm para o público a que se destinam. Eu estou protegido pelo acidente do nascimento: sou americano, branco, um professor universitário que ganha a vida como poeta, imagine, um professor de poesia. Tenho uma passagem de avião para voltar para casa, uma velha casa no litoral, um apartamento na cidade. E o cachorro que dorme no parapeito de concreto abaixo de minha sacada não pode esperar sequer uma tigela de água pela manhã.

Depois de minha noite agitada, ela se foi. Começo a fazer algumas perguntas. Afinal, não é tão difícil quanto eu havia pensado, segundo nossos novos amigos americanos que moram aqui metade do ano: um atestado de saúde de um veterinário mexicano é a passagem de saída. Seria possível conseguirmos em vinte e quatro horas levá-la a um médico simpático, obter o certificado e uma gaiola apropriada, arranjar para que viajasse em dois aviões e chegar com ela a Nova York no sábado à noite? Talvez. Mas não o fazemos. Primeiro, Arden está em casa, com nossos amigos Patrick e Cordelia, que se instalaram por uma semana para cuidar dele. Na verdade nossa viagem só foi obscurecida pela preocupação com ele. Não o deixamos com ninguém desde que adoeceu, e os relatórios de Cordelia não foram bons; ele tem dormido mal, arfa de ansiedade, e quando ela precisa deixá-lo só ele geralmente derruba algo, tenta quebrar alguma coisa na casa. Sabemos que sua maior felicidade é quando Paul e eu estamos juntos na cama, com ele no meio, com uma de nossas mãos pousada em seu flanco; então ele sabe onde nós dois estamos; não há necessidade de procurar nem motivo de confusão. Como poderíamos esperar que ele enfrentasse um novo cão?

E, por mais que ela seja atenciosa, é uma garota das ruas; um conhecido aqui diz que o cachorro de rua que ele adotou o mordeu duas vezes. Não sabemos quem ela poderá se revelar. Bem, isso não é exatamente verdade; eu confio naquele momento, o peso de sua pequena cabeça em minhas mãos; ficou perfeitamente claro naquele instante quem ela é. Você pode conhecer um animal, ou uma pessoa, em um instante, mesmo que seu entendimento possa continuar se desenrolando durante anos. E ela se daria bem em Nova York; aqui em San Miguel há pessoas e carros demais num espaço projetado para o século XVII, e o resultado é uma densidade de população e veículos não muito diferente da de Manhattan.

Depois há o problema de não saber onde ela está. Compro alguns biscoitos, para o caso de a encontrarmos. Acho que talvez eu a aviste por ali, à tarde, mas é impossível ter certeza, e a forma ocre-amarelada desapareceu.

Mas eu não a procuro realmente, porque entendo que desta vez nada posso fazer. E que algo aconteceu, ela me deu uma coisa: aquele encontro na calçada, aquela querida pata carente estendida na minha mão, aquele abandono de peso... abriram meu coração. Sei que é um clichê, mas de que outro modo poderia descrevê-lo? Nós trancamos as portas do ser para a dor; é inevitável fazermos isso, pois quem pode viver sem proteção no mundo do tempo? Um santo, suponho.

Um cristo ensangüentado. Para nós, a ferida da perda, os cortes e as perfurações deixados por nossa sensação de impotência devem formar uma carapaça, uma armadura.

Mas o que eu aprendi naquela noite na Rua Canal, e depois, dormindo a intervalos em nosso quarto, e no dia seguinte, fazendo as malas, andando pelas ruas para comprar presentes para amigos, despachando uma caixa de compras para casa, é que minha armadura mudou.

Antes, tendo construído uma carapaça contra o desespero, afundei sob o peso daquele invólucro protetor. Mas o escudo está caindo lentamente. O que eu sinto por aquela criatura nua nas ruas de San Miguel não é desespero. É compaixão, pura e simples, pena de sua situação, tristeza por sua sorte. Sentir isso me torna mais vivo, e não menos. Não me causa desespero.

Por que não? É claro que as perspectivas dela não são boas, e é uma pena eu não poder ajudá-la quando ela pede com tanta graça e dignidade. No entanto, ela é capaz de pedir ajuda. Eu sou capaz de ficar ao seu lado e sinto um espasmo de saudade, e carrego comigo essa tristeza, e ainda não sinto que o mundo é um lugar sem esperança. Ela e eu somos vulneráveis, igualmente sujeitos às predações da doença e do tempo. Eu tenho recursos privilegiados, mas eles só me protegem até certo ponto; o ser animal está sempre sujeito à destruição, de qualquer modo. Ela poderá encontrar um fim melhor; meu gesto de estender-lhe a mão pode ter feito alguma diferença.

Acidentalmente, deixo o pacote de biscoitos que comprei na loja PakMail. Volto para casa, para a criatura idosa, agradecida, ligeiramente ridícula que depende de mim há anos. Compreendo que virei uma esquina agora, que tenho vontade; que não causarei mal a mim mesmo; que tenho um trabalho a fazer no mundo; que sou grato por ter sentido aquela tristeza profunda. Que dar atenção à imagem de um cristo sofredor é deixar claro que não se teme a dor. O desespero é uma nota no leque de sentimentos que passarão por mim, com o tempo, mas não preciso me congelar aí, trancado naquela ausência de futuro e esperança. A presença animal continua sendo para mim, como sempre foi, uma porta para o sentimento e o entendimento. A cachorra na Rua Canal me desperta; ela me mostra que cheguei ao fim de alguma coisa. Escrevo para abençoar sua cabeça delicada, a pata erguida em esperança. Como poderíamos nos conhecer, exceto no espelho esclarecedor de outro olhar?

Entreato

Segundo vento

Stanley Kunitz diz em algum lugar que, se existe algo que a poesia nos ensina, é que podemos acreditar em duas coisas aparentemente contraditórias ao mesmo tempo. Emily Dickinson é a grande mestra da contradição. Ela entende que nenhuma posição isolada diz a verdade, que a representação da experiência humana exige contradição, polaridade, o livre movimento entre pontos de vista opostos.

E assim ela nos dá, depois do vento terrível que soprou não do pomar, mas de uma fonte longínqua de devastação e apagamento, uma rajada totalmente diferente.

"De todos os sons enviados afora -
não há para mim uma descarga
como aquela velha medida nos ramos
aquela melodia sem fraseado -
que o vento faz - agindo qual mão
cujos dedos roçam o céu -
depois descem trêmulos - com tufos de som -
aos homens permitidos - e a mim -

É um legado - para nós
além da arte de conquistar -
além do gesto de ser levado -
por ladrão - pois o ganho

se obtém, não com os dedos -
e mais interno que o osso -
é escondido como ouro - para sempre"[7].

Esse vento é a música do mundo que nos penetra, e, embora seja "sem fraseado" - uma música desmedida -, ele tremula até nós, vem em trechos de melodia. É nossa herança do mundo aquele som. Como a própria poesia, essa música parece um presente, um que não se pode conquistar nem lhe podem roubar, já que não tem materialidade. O "ganho" da música ou da poesia torna-se, depois de realmente escutado, uma posse interior, algo que é, numa frase lindamente excêntrica, "mais interno que o osso".

E já que essa música - a cadência interiorizada - torna-se parte de nós, Dickinson continua numa surpreendente especulação:

"E nem mesmo na urna -
posso garantir que a feliz poeira
não se erga e toque -
de certo modo estranho e próprio -
um feriado mais raro -
quando os ventos rodopiam, em bandos -
e fazem tremer a porta -
e as aves se postam - acima
para lhes servir de orquestra -"[8].

Certamente essa é uma especulação que o espírito de Mr. Beau aprovaria se a natureza lhe concedesse a capacidade de compreender poesia: que o alegre vento do mundo possa agitar as cinzas restantes do

---

7 *"Of all the Sounds dispatched abroad - / There's not a charge to me / Like that old measure in the Boughs / That phraseless Melody - / The Wind does - working like a Hand / Whose fingers brush the Sky - / Then quiver down - with Tufts of Tune - / Permitted men - and me - // Inheritance it is - to us / Beyond the Art to earn - / Beyond the trait to take away - / By Robber - since the Gain / Is gotten, not with fingers - / And inner than the Bone - / Hid golden - for the whole of Days -."*

8 *"And even in the Urn - / I cannot vouch the merry Dust / Do not arise and play - / In some odd fashion of it's own - Some quainter Holiday - / When Winds go round and round, in Bands - / And thrum upon the Door - / And Birds take places - Overhead - / To bear them Orchestra -."*

corpo para tocar, que até na morte a música das coisas possa nos encher de prazer.

Nessa visão das coisas, não somos, enfaticamente, "tolos de ficar" ou mesmo de partir, pois a alegria é tão característica das operações do mundo que ela nos segue até dentro da urna.

Dickinson quer garantir que todos os vivos ouçam a ária com ela, e assim seu poema conclui:

"Eu lhe suplico a graça - de ramos de verão -
se um tal pária houver -
que nunca ouviu o canto incorpóreo
erguer-se solene pela árvore -
como se uma caravana de sons
nos desertos, no céu
rompesse as fileiras -
depois se unisse - e passasse -
em companhia unida -"[9].

Descarnado, descendo do céu, o vento chega, desligando-se de qualquer caravana celeste a que pudesse pertencer, depois ergue-se e une-se novamente. Isso, pelo menos nos termos desse poema, é o que também fazemos: aderir a uma companhia unida, contida na música que é o prazeroso movimento do mundo.

A pergunta é: aquele vento que eu ouvi soprar da cama para o éter quando Wally morreu, o vento que soprou Beau para o que quer que viesse depois, era o vento da contingência e da ruptura, ou poderia ser o vento da alegria?

Temos certeza, senhorita Dickinson, cara professora a falar de Amherst há cento e quarenta anos de modo tão claro e confuso como se tivesse escrito essas palavras nesta manhã, temos certeza de que são dois ventos diferentes?

---

9 *"I crave him grace - of Summer Boughs - / If such an Outcast be - / He never heard that fleshless Chant / Rise solemn, in the Tree - / As if some Caravan of sound / On Deserts, in the Sky / Had broken Rank - / Then knit - and passed - / in Seamless Company -."*

Capítulo 16

O velho senhor que morava no meu quarteirão em Provincetown inventou um método para ajudar seu velho *springer spaniel* a andar quando o cachorro ficou velho e fraco demais para se levantar. Antony fez um arreio de corda que passava pelo torso de Charlie e suspendia o velho e triste saco a alguns centímetros do chão, de modo que o cachorro pudesse mover as pernas sozinho, e juntos eles iam passear.

Isso sempre me pareceu uma síntese de amor e arte; a engenhosidade encontrou uma maneira, por algum tempo, de manter o ser amado no mundo.

Amor e arte... essas duas torres não podem ser derrubadas, podem? Mesmo que seja possível, por algum tempo, perdê-las de vista.

De onde quer que viesse a ansiedade de Arden, ela desapareceu tão milagrosamente quanto surgira; se antes parecia distraído e desfocado, seu olhar claro e direto se restabeleceu, aquele curioso olhar castanho, enevoado pela idade mas ainda iminentemente reconhecível: curiosidade, uma prontidão para se divertir, um interesse por ver o que viria depois. Vou catalogar seus prazeres no fim da vida em ordem alfabética:

Há diversos AMIGOS que visitam Arden e nos ajudam nos últimos anos. Genine, que vem visitá-lo em nossos dias de trabalho mais longos, quando Arden tem de passar horas sozinho, e desenha retratos dele e o convida para passeios, embora ele geralmente recuse. Sarah, uma poetisa de minha classe na NYU, fica com Arden enquanto vamos a Londres, para total felicidade de todas as partes envolvidas. E a pessoa que ele passa a amar mais, Kathy, uma poetisa e professora que parece ter exatamente a energia certa para velhos cães, que parece estar no comprimento de onda dele. Tenho dificuldade para explicar isso com exatidão, mas por que a simpatia particular entre duas criaturas deve se prestar a explicações? A ligação entre os dois dá vontade de tentar, porém. Paul está convencido de que é porque Kathy vem de Wildwood, Nova Jersey, uma faixa movimentada de motéis, calçadões e parques de diversão ao longo da costa, e que portanto ela carrega em si mesma um dos lugares preferidos de Arden, as praias de Nova Jersey. O fascínio de Paul por seu estado natal é tão intenso que talvez tenha provocado uma certa projeção. Minha idéia é que ela tem todas as qualidades de que Arden gosta: é afetuosa mas não excessivamente cuidadosa, é simples e gosta de ler na cama com ele. Ela é confiante, descomplicada e gosta de ter uma rotina. Arden é muito adaptável, foi um cão rural e urbano, esquivou-se das multidões das cidades pequenas e depois desfrutou as cenas urbanas... mas ele gosta de estabelecer um padrão que repetiremos pelo menos por algum tempo; esse é um de seus prazeres, também, saber o que fazer em seguida, porque fizemos a mesma coisa ontem. Assim ele aprendeu o caminho da casa de café cubana em Key West, das lojas de Provincetown que oferecem biscoitos aos cães que passam. Nisso, Arden é muito parecido comigo: gosta de ter uma rotina, e então gosta que a rotina mude, para que as coisas continuem interessantes. (Quem está projetando agora?) Kathy perdeu o pai há pouco tempo, assim como o velho cão; parece compreender algo sobre limitação física e sobre fazer companhia. Não sei o que é, mas depois de eles passarem um tempo juntos Arden fica completa e inconfundivelmente bem; estive longe, preocupado com ele entre compromissos, mas entro no apartamento e ele está plácido e à vontade, perfeitamente satisfeito em companhia de sua amiga.

BISCOITOS.

Ir até a CALÇADA em Manhattan, deixando a vida da rua girar ao seu redor. Dois anos atrás, íamos até a padaria da Rua 18 para tomar café e dividir um bolinho. No ano passado andávamos em volta do quarteirão. Depois só até a esquina, e agora não vamos a lugar nenhum, só até a calçada. Arden deita-se e espera para ver o que acontece. Como ele, seus melhores amigos na rua estão lerdos, vacilantes. Eles dizem: "Como vai ele?". Eu respondo: "Um pouco lento hoje". E, invariavelmente, eles riem e dizem: "Ah, eu também". E sorriem para ele com um carinho sincero.

Andar de CARRO. Ele sabe quando estamos fazendo as malas para viajar, mesmo que por pouco tempo, e começa a roncar e a expressar excitação. Tem dificuldade para esperar até estarmos prontos; prefere ser colocado no carro primeiro e ficar sentado atrás, feliz e arfante em seu cobertor enquanto carregamos o resto. Assim fica claro que ele é a coisa mais importante a ser levada.

DEMONSTRAR, através de um esforço incessante e voluntarioso, a própria imagem da determinação, que ainda é capaz de subir os três lances de escadas do nosso apartamento.

DORMIR no jardim em Provincetown, à sombra de uma grande moita de margaridas, por mais quente que esteja o dia. À noite eu também o escuto empurrar a porta de tela da cozinha com o focinho - há muito tempo ele fez um buraco embaixo, expressamente para esse fim - e então claudicar até o mesmo lugar e deitar na escuridão fresca sob as folhas e as estrelas.

ESPIAR um camundongo no chão do apartamento, que saía para olhar para ele e ficava olhando para o gigante escuro que não tinha a menor intenção de fazer nada sobre sua presença, que estava apenas interessado.

Exercer sua total HEGEMONIA numa cama de motel própria.

A casa de verão dos pais de Paul, um pequeno lugar no litoral de JERSEY. Há um alambrado ao redor do quintal dos fundos (um detalhe que incluo aqui a contragosto de Paul; mesmo quando eram crianças, ele e seus irmãos pressionavam os pais para colocarem uma cerca mais bonita) e, logo atrás dele, um pequeno cais e uma lagoa. Às vezes passa um barco, mas o que passa principalmente são garças e gaivotas, e o tempo. Arden contenta-se em passar o dia deitado na grama ao lado da detestada cerca, olhando para a lagoa, movendo-se para a sombra quando o sol aquece demais, depois voltando a observar a água mais um pouco. Na verdade, toda vez que atravessamos o túnel Holland e rumamos para o sul, passando pelas refinarias, ele parece deliciado com New Jersey. E então, na saída da Avenida Garden State para Somers Point, ele desperta do repouso, encosta a cabeça no vidro e fareja o ar salgado, vibrando em antecipação.

OCUPAR um grande espaço em nossa cama: deitado de lado, com as quatro patas estendidas ao máximo, de modo que temos de nos encaixar nas bordas e, quando nos cansamos, dobrá-lo delicada mas firmemente.

O PAUL dele - é assim que dizemos. *Arden ama o Paul dele.* Eu sempre tenho de sair por um motivo ou outro, para ganhar a vida, mas Paul tem uma agenda mais definida e Arden aprendeu a contar com ele por perto, e adora lhe dar uma das demonstrações de afeto de que mais gosta, o que consideramos sua versão de um abraço: Arden enterra a cara no nosso peito, enquanto nos ajoelhamos à frente dele, e empurra o topo da cabeça contra nós, como se expressar seu amor por alguém fosse desaparecer dentro da pessoa até onde fosse possível. Beau era diferente: ele gostava de empurrar o quarto traseiro contra nós, para que o coçássemos acima da cauda, enquanto ele olhava prazerosamente para o mundo. Arden acha que o amor é expresso pela concentração única no objeto de sua afeição.

Ir à PRAIA. É incapaz, agora, de andar até a água ou de fazer seu velho número de atirar-se na areia e espojar-se, mas consegue vacilar do estacionamento até a beira da duna e deitar no primeiro lugar de onde possa enxergar a água. Então, feliz como poderia ficar qualquer ser vivo, senta-se com o vento nas orelhas, farejando, atento.

Uma TOALHA SECA, depois de sair na chuva; é maravilhoso ser esfregado com um pano ligeiramente áspero.

TRIUMPH, sua comida favorita, realmente deliciosa; ele jamais deixou de limpar a tigela.

Remédios para Arden, parte 2:

Glucosamina, um suplemento diário para manter as juntas funcionando. Ajuda? Não sei, mas uma vez que se começa parece má idéia parar.

Rimadyl, um antiinflamatório que permite que as articulações doloridas se flexionem. Funciona por muitos meses, permitindo que a perna levante, que os quadris e as coxas obedeçam ao típico agachamento dos *retrievers*.

Enalapril, pílulas para o coração. Há algum tempo ele tem uma tosse, e soubemos pelo doutor Kaiser, seu gentil veterinário de Provincetown, que a congestão é causada pela arritmia que Tandy Tupper notou anos atrás. (É engraçado pensar que ela achou que ele estivesse à beira do túmulo naquela época, quando tinha dez anos, o que seria, se pensarmos que um ano canino equivale a sete anos humanos, quarenta e dois anos atrás.)

Adequan, uma droga injetável primeiramente usada em cavalos com problemas de articulação causados pela corrida, substância poderosa que pode fazer a cartilagem se regenerar. O doutor Kaiser lhe dá algumas injeções numa semana e elas funcionam por algum tempo.

Deramaxx, outra geração de *Rimadyl*, um pouco melhor. A substância mantém o velhinho movimentando-se por mais tempo do que ele poderia por si só.

Primeiro ele cai em algumas escadas no trajeto pelas ruas, errando o passo. A lâmpada do patamar do apartamento está queimada e ele parece furioso com isso, tentando achar o degrau; talvez, para seus olhos obscurecidos, aquele patamar sombrio seja simplesmente escuridão. Então, alguns dias depois, mesmo com novas lâmpadas iluminando o caminho, ele tropeça ao subir, e de fato escorrega quase um lance inteiro, até o patamar, assustando Paul. Felizmente, Arden parece feito em parte de borracha, e seus membros se contorcem sem danos aparentes. Mas chega o dia em que as escadas do apartamento ficam impossíveis; aquela velha perna traseira direita parece uma coisa delicada e murcha, e simplesmente não há como ele subir. Nós o carregamos, mas é ridículo tentar subir e descer cada vez que ele precisar sair, mesmo quando me lembro de deixar meus joelhos dobrados. E sem dúvida é terrível para ele, um de nós tentando carregar trinta e quatro quilos de cachorro para cima e para baixo. Ele parece mais leve agora, do modo como os velhos parecem ter mais fibras e menos carne, mas ainda é pesado.

Felizmente, é um semestre em que estamos mais ou menos sem trabalho. Temos liberdade para ir e vir, e podemos levar Arden para a casa em Provincetown muito antes do que costumávamos fazer, no verão. Chegamos em abril, quando está cinzento e frio, e a casa parece feliz em nos ver, repentinamente acesa com lâmpadas, fogo e habitantes. Estar ali é um enorme e imediato alívio: Arden pode viver num andar e passar quanto tempo quiser lá fora. Não precisamos nos preocupar em levá-lo rapidamente para fora, e, se ele não conseguir chegar ao quintal um dia, não há problema... esses velhos assoalhos já viram duzentos anos de ação e nada irá danificá-los. Além disso, ele conhece a casa desde sempre. É um ótimo lugar para os velhos.

E assim passam-se seis semanas, enquanto o calendário se aproxima do décimo sexto aniversário de Arden, em abril, depois entra em maio.

O doutor Kaiser é delicado com Arden, e não pensaria em fazer algo invasivo. Eu gosto dele: fala suavemente, é curioso sobre a criatura à sua frente. Embora seja fisicamente grande, não parece se considerar como tal - assim como os terra-novas, digamos, parecem vagamente se desculpar por seu tamanho, um pouco de lenta delicadeza em sua grandeza. O doutor Kaiser acha ótimo que Arden tenha tido uma vida tão longa, e ele sabe o quanto somos apegados a ele. Não faz tentativas ou promessas irreais. Agora tudo se resume a conforto; ele entende que, nessa altura, o que restar de vida para esse velho sobrevivente é, como se diz, lucro.

Arden, é claro, não gosta tanto do doutor Kaiser quanto eu. Mas o suporta, e aceita cautelosamente as vitaminas com sabor de fígado que ele lhe oferece.

Agora o apelido que Paul sempre preferiu para Arden parece perfeito: Pequeno. Sujeito corajoso, minguando, descobrindo como mover de um lado para outro aquele corpo que não coopera. "Onde está o Pequeno?", dizemos. Cochilando embaixo da forsítia cheia de botões, lá no cascalho, olhando para os pardais. Nós dormimos no andar de cima, mas Arden logo desiste da idéia de subir: contenta-se em ficar embaixo, no tapete da sala, ou, nas noites em que acendemos a lareira, no chão da sala de jantar, onde é mais fresco. A primavera se aproxima e ele fica cada vez mais tempo no jardim, no mesmo lugar, por longos períodos. Fazemos pequenas saídas: ao veterinário, à praia. Na última vez ele está evidentemente cansado e dolorido demais para sair do carro, mas deixamos a porta traseira aberta para que ele possa olhar lá fora e respirar a corrente de ar do Atlântico.

Depois ele passa o tempo todo na cozinha, onde estão sua comida e a água, no piso frio de cerâmica. As pessoas sempre me disseram: *Você saberá quando chegar a hora*, e eu nunca acreditei, não com esse cachorro que tanto queria ficar no mundo. Eu ficava aterrorizado de que seu corpo falhasse, que se recusasse a dar mais um passo, que se esparramasse, que Arden ficasse me olhando em confusão e pânico, apenas querendo viver.

O doutor Kaiser diz: "Ligue a qualquer hora que irei à sua casa. Você saberá quando chegar a hora".

Arden parece nervoso, respira com dificuldade. Sente dor, eu penso. A Triumph fica por terminar. Ele cai, e eu tento pegá-lo por baixo e levantar os quadris contraídos; ele grita.

Numa manhã de sexta-feira eu acordo e o escuto gritar mesmo antes de eu entrar na cozinha, e lá está ele esparramado no chão numa poça de urina e fezes da qual tenta se safar, totalmente incapaz. E o olhar em seu rosto eu sei o que significa, fora de qualquer dúvida.

Eu o limpo e chamo o doutor Kaiser, que entende a situação mas só pode vir no domingo. Com certeza é melhor termos algum tempo. Acho que vai dar certo; podemos cuidar dele. O que eu imaginava que não conseguiria suportar era o sentimento de que Arden quisesse continuar vivo, de que ele tivesse toda a intenção de seguir por mais que seu corpo estivesse incapacitado: o inferno na terra. Mas não é o caso; o que fica totalmente claro para mim na cara dele naquela manhã é que ele estava esgotado, que apreciaria uma saída.

Depois que faço o telefonema, Arden parece mais leve, mudado, como se soubesse que o caminho está livre. Ainda não consegue se mover, mas parece descontraído, e a distração dá lugar àquele antigo olhar límpido, sua tensão evapora. É como se houvesse um elemento de alívio para Paul e para mim, o que esperávamos há tanto tempo finalmente estava chegando, e Arden também devia estar sentindo o mesmo.

Agora lhe damos o fim de semana mais caloroso e suave que podemos. Ele parece relaxar totalmente. Passamos tempo a escová-lo e afagá-lo. Nós o mimamos e conversamos com ele. Ele dorme no jardim sua última noite, no ar frio sob as estrelas, e no domingo de manhã ganha frango grelhado no café-da-manhã, e está estendido no cascalho junto ao portão quando o doutor Kaiser chega. Minha sensação, se é que ela vale algo, é que ele sabe perfeitamente aonde chegamos. Ele dá um pequeno rosnado para o veterinário, como se para lembrar os velhos tempos? Como se fosse seu dever e como se o fato de não fazê-lo o tornasse outro cão?

Isto também é e não é terrível; lembro que é exatamente o que eu desejaria, que alguém que me ame o suficiente não permita que eu viva sofrendo quando não quero; isto faz parte de nosso trabalho – é o que o doutor Kaiser nos disse –, parte de nosso acompanhamento, ajudar Arden a partir deste mundo.

Eu abaixo o rosto e o encosto àquele focinho macio, às orelhas que ainda cheiram, como durante toda a vida, a bolinhos de milho. Paul o abraça do outro lado, de modo que ficamos os dois ao alcance de seu olhar. Ambos falamos com ele baixinho. Primeiro ele recebe uma injeção para relaxar, para termos certeza de que a segunda injeção vai funcionar, e acho que ele nem sequer a sente. E então o ajudamos a deixar aquele corpo desgastado com um beijo, e ele se vai como um sussurro, o sopro mais fácil.

Há muito planejamos enterrá-lo no jardim, perto de onde está Beau, em seu lugar preferido embaixo da forsítia. Mas quando chegou a hora realmente não pudemos. Arden não quis sempre estar junto de nós? Que Beau se misture a tudo da natureza; Arden preferia seus amigos humanos. Então deixamos o veterinário levar seu corpo para ser cremado em algum lugar no cabo, e suas cinzas serão devolvidas em alguns dias. O doutor Kaiser o ergue – um volume grande, embora pareça tão leve agora – e então, oh!, o que esvazia totalmente meu coração de novo, seu pescoço balança como uma flor partida na haste. Como Wally; depois de meses e meses de rigidez, a paralisia gradual que lhe atacava o sistema nervoso e os músculos puxando sua cabeça para um lado, de repente, na morte, aquela tensão é liberada como se nunca tivesse existido. Quem havia percebido que Arden mantinha o pescoço com tamanha tensão? Ele se esforçara tanto, velho soldado, para manter-se ereto, para forçar seus quadris rebeldes a dar o próximo passo, alcançar a próxima posição! Lembro-me da tensão em seus ombros, como aqueles músculos trabalhavam sem parar para compensar! E agora, depois de todo o esforço liberado, o pescoço simplesmente flutua.

O veterinário ajeita seu doce corpo na traseira da caminhonete preta. Não posso evitar, tenho de arranjar a cabeça e o pescoço até que pareçam confortáveis, apesar de saber que é absurdo. O veterinário entende meu gesto, e lhe agradecemos por tudo o que fez por nós, e então ele parte.

Nós nos esforçamos. *Um bom fim*, dizemos, *um fim digno, o melhor que pudemos fazer*. Falamos sobre Mr. Arden e suas histórias, e depois não, por algum tempo, e cada um de nós se permite chorar, geralmente um de cada vez, porque fazê-lo juntos pareceria insuportável de certa forma. *Uma vida longa*, dizemos, *uma boa vida, mas não o suficiente.*

Às vezes a casa fica tão vazia que mal podemos suportá-la, e às vezes parece que ninguém partiu; não estaria Arden em um de seus cantos preferidos, observando-nos? Não vai ele surgir daqui a pouco pela porta? Ele é ao mesmo tempo uma ausência e uma presença, como será, em maior ou menor grau, nos próximos anos.

Continuamos apanhando seus pêlos do chão, em pequenos tufos escuros.

Paul encontra uma lata vazia de Triumph no lixo reciclável e colocamos os pêlos lá, sobre a lareira.

Fazemos um anúncio fúnebre, como as pessoas em nossa cidadezinha gostam de fazer para contar à comunidade a morte de seus amados cães, e o levamos à redação do jornal. O homem que recebe nosso anúncio também tem um cachorro velho. Levamos uma foto de Arden na praia, seu nome e as datas, e uma estrofe da elegia mais veemente a um cão que conheço, "O túmulo do nosso cão", de Robinson Jeffers, em que um buldogue inglês chamado Haig fala do túmulo, diante da janela da casa onde vivera:

"Mudei um pouco de hábitos, agora não posso
correr com vocês à noite pela praia,

exceto numa espécie de sonho, e vocês, se sonharem um pouco, poderão me ver ali."[10].

Você não adivinharia que o mais misantropo dos poetas escreveria a mais calorosa elegia para seu cão? Mando o poema por *e-mail* para as pessoas que conheceram Arden, para lhes contar que ele partiu. Recorto as últimas palavras e as coloco sobre a mesa onde escrevo, ao lado de uma foto de Arden no verde-escuro do jardim no verão: "Não estou só. Não tenho medo. Ainda sou seu".

Esses versos ajudam um pouco.

Paul e eu estamos estranhamente desancorados. Saímos para andar pela baía, seguimos até a cidade para olhar o brejo, voltamos lentamente, vendo os jardins e as lojas novas. Paramos para um café. Ficamos muito tempo sentados no banco em frente ao café. Sem pressa. Isso me parece estranho, desconhecido. Durante dezesseis anos houve alguém em casa, esperando para dar um passeio.

---

10 *"I've changed my ways a little, I cannot now / Run with you in the evenings along the shore, / Except in a kind of dream, and you, if you dream a moment, / You see me there."*

Posfácio

Lobo de brinquedo

No Natal, uma das coisas que dou a Paul é o apadrinhamento de um filhote de lobo em Yellowstone ou no Alasca, um desses programas de uma organização ecológica; por uma pequena quantia, ele tem o prazer de saber que pode ajudar uma criatura a sobreviver.

Imagino que ele vai receber um certificado ou um cartão, e já tinha quase esquecido o assunto quando, em dezembro, chega um envelope acolchoado. Eu o entrego a ele, e lá dentro há um pequeno lobo estofado, muito bonito. Quando apertado, o brinquedo solta um uivo pungente, bastante real, o tipo de coisa que mexe com nossa emoção e ao mesmo tempo nos faz rir.

Imagino que esse é um presente que nunca mais verei. Mas dali a pouco o vejo na mesa-de-cabeceira de Paul. Então um dia está na cama, eu descubro, quando me viro sobre ele, que solta aquele ganido choroso.

Não tenho certeza de qual de nós fez isso, mas dali a pouco o filhote é colocado entre os travesseiros quando um de nós arruma a cama, e depois, você sabe, ele está reclinado num berço feito com uma camiseta. Abrimos um espaço para ele.

Ainda não estamos prontos para outro cachorro... as pegadas de Arden e Beau são grandes demais para serem preenchidas, passamos anos e anos com animais mais velhos, estamos viajando tanto que o momento não parece adequado.

Mas de vez em quando um de nós vai até o quarto por algum motivo e o outro é surpreendido por aquele grito engraçado.

Minha vida, meus cães foi impresso em São Paulo/SP pela Quebecor World São Paulo Ltda.,
para a Larousse do Brasil, em julho de 2007.